A S Y L : bedrohtes Recht

Christine Grunert

ASYL: bedrohtes Recht

HORLEMANN

Edition Menschenrechte
Herausgegeben von Marion Schweizer
www.edition-menschenrechte.de

Der Informationsteil dieses Buches entstand
in Zusammenarbeit mit
Amnesty International Deutschland

1. Auflage 2008

Buchgestaltung: Agentur Marina Siegemund
Umschlag: Verlag

Bitte fordern Sie unser aktuelles
Gesamtverzeichnis an.

Horlemann Verlag
Postfach 1307
53583 Bad Honnef
Telefax 02224/5429
E-Mail: info@horlemann-verlag.de
www.horlemann.info

Gedruckt in der EU
ISBN 978-3-89502-255-5

VORWORT

Das vergangene Jahrhundert wird vielfach als das *Jahrhundert der Flüchtlinge* bezeichnet. Erster und Zweiter Weltkrieg, die Kriege in Afghanistan, der Völkermord in Ruanda, die Balkankriege und zahllose weitere Konflikte nahmen vielen Menschen die Heimat. Auch heute sind weltweit immer noch Millionen auf der Flucht.

Verbesserte internationale Schutzstandards und Asylsysteme sowie die wachsende Anzahl international tätiger Hilfsorganisationen haben zwar Erleichterungen gebracht und vielen Menschen Schutz und Hilfe zukommen lassen. So reagiert die Weltöffentlichkeit heute recht schnell auf Flüchtlingskrisen, indem zumindest humanitäre Hilfsleistungen bereitgestellt werden. Doch die wohlklingenden rechtlichen Schutzgarantien werden weiterhin nicht konsequent umgesetzt: Im neuen Jahrtausend hat Europa begonnen, seine Grenzen zu schließen. Flüchtlinge werden zu illegalen Einwanderern umdefiniert und als Gefahr für den eigenen Wohlstand angesehen. Dass weniger Flüchtlinge ins eigene Land kommen, gilt als Erfolgsmeldung.

Flüchtlinge sind nicht mehr nur in Kriegs- und Krisengebieten willkürlicher Behandlung und Gewalt ausgesetzt, sondern auch an Europas Grenzen und damit vor unserer eigenen Haustür. Der Umgang mit Flüchtlingen wird zum Prüfstein, wie ernst es den europäischen Staaten tatsächlich mit der Wahrung der Menschenrechte ist.

Dabei brauchen Flüchtlinge besonderen Schutz!

Die Flucht ist ein einschneidendes Ereignis im Leben eines Menschen. Wer schon einmal unfreiwillig umgezogen ist, etwa weil die Eltern Arbeit in einer anderen Stadt gefunden haben, weiß, wie schwer ein Neuanfang ist. Dies gilt umso mehr, wenn Sprache und Kultur des neuen Wohnorts nicht vertraut sind. Wer diese Situation kennt, kann ein klein wenig nachvollziehen, wie sich ein Flüchtling im Exil fühlen mag.

Doch es gibt noch eine Vielzahl weiterer Schwierigkeiten für Menschen,

- die unfreiwillig ihr Land verlassen,
- die ihre vertraute Umgebung, ihren Besitz, vielleicht sogar Familien und Freunde zurücklassen mussten,
- die möglicherweise selbst Gewalt erlebt haben

oder schreckliche Dinge ansehen mussten und darunter leiden,

- die, wenn sie einen Asylantrag gestellt haben, nicht willkommen sind, sondern den Verdacht widerlegen müssen, dass sie ihre Fluchtgeschichte frei erfunden haben und in Wirklichkeit nur aus wirtschaftlichen Gründen gekommen sind,
- die sich als Asylbewerber durch einen undurchsichtigen Dschungel von Rechtsvorschriften und Gesetzesauslegungen schlagen müssen, von denen manche sogar ausdrücklich das Ziel haben, Menschen wie sie abzuschrecken,
- die vielfach Misstrauen wegen ihrer Andersartigkeit begegnen und nicht als Menschen, sondern als »Akten« oder »Fälle« ohne eigene Individualität wahrgenommen werden,
- die trotz aller Schwierigkeiten im Exil oft genug noch für Angehörige im Heimatland sorgen müssen, weil diese vielleicht bedroht werden oder glauben, dass sie, die Flüchtlinge, es jetzt geschafft haben, und nun ihren Anteil an dem vermuteten Reichtum einfordern,
- die stets in der Unsicherheit leben müssen, dass sie von den Behörden des Aufnahmelandes wieder zurückgeschickt werden.

Die Flucht bietet Schutz vor einer unmittelbaren Bedrohung. Doch die Erfahrungen einer Flucht – die Angst, die Ungewissheit über die Zukunft, den Schmerz und die Trauer über den erzwungenen Abschied – tragen die Menschen ihr Leben lang mit sich.

Ihr Glück hängt unter anderem auch davon ab, ob sie die Flucht und die fluchtauslösenden Ereignisse als einen – wenn auch schwierigen und schmerzvollen – Teil ihrer persönlichen Geschichte begreifen können oder ob die negativen Erfahrungen ihr Leben bestimmen. Darüber entscheidet nicht nur die jeweilige Persönlichkeit, sondern auch die Einstellung der Aufnahmegesellschaft den Flüchtlingen gegenüber und ebenso die Frage nach der langfristigen Sicherheit ihres Aufenthalts.

Organisationen wie Amnesty International helfen zu verhindern, dass Flüchtlinge durch eine Abschiebung erneut Menschenrechtsverletzungen ausgesetzt sind, denen sie durch die Flucht entgehen wollten. Für sie fordert Amnesty International ein sicheres Aufenthaltsrecht. Amnesty International bietet in vielen Städten eine Beratung für Flüchtlinge an und stellt Informationen über die Menschenrechtslage in den Herkunftsländern zur Verfügung. Mitmachen bei

Amnesty International kann jeder, die Arbeit ist ehrenamtlich.

Flüchtlinge sind nicht nur »arm« und hilfsbedürftig. Ihnen gebührt neben unserer Unterstützung vor allem unser Respekt und unsere Achtung vor ihrem Mut und ihrer Fähigkeit, schwierigste Situationen durchzustehen und existenzielle Bedrohungen zu überwinden. Und wenn man Flüchtlinge näher kennenlernt, dann kommt zum Respekt oft auch noch die Freundschaft hinzu.

Ulm, im August 2008
Christine Grunert

TEIL I

Der Weg nach Mubongo

Eine Geschichte aus Sierra Leone

Mühsam schleppte John seine Füße durch den Staub. Die Sonne brannte, er war müde und hatte Durst. Die Last, mehrere Maschinengewehre und eine Kiste mit Munition, drückte schwer auf seinen Schultern. Schon seit vielen Stunden waren die Rebellen im Buschland von Sierra Leone unterwegs. John und die anderen Kinder mussten helfen, Waffen, Lagerausrüstung und Lebensmittel zu tragen. Sollte es zu einem Gefecht kommen, würden sie auch kämpfen müssen.

John war dreizehn Jahre und eher klein für sein Alter. Er trug ein verblichenes Fußballtrikot mit dem Namen von Diego Maradona auf dem Rücken. Das Hellblau des Trikots war vom Schmutz längst grau und der Schriftzug von der Sonne ausgebleicht, sodass fast nichts mehr zu erkennen war. Aber das Trikot blieb Johns ganzer Stolz. Zu Hause war er einer der besten Fußballer gewesen. Keiner konnte so geschickt wie er den Gegner ausspielen. Er hatte davon geträumt, später in die Stadt zu gehen und ein Fußballstar für sein Land zu werden. Damals ...

Die kleine Ayla mit den abstehenden Zöpfen, die mit Gewehren und Kochgeschirr beladen vor John herging, strauchelte über einen Stein und fiel hin. Sofort war einer der Rebellen bei ihr und schlug auf sie ein, damit sie wieder aufstand. John schaute weg. Hätte er ihr geholfen, wäre es ihm genauso ergangen.

Bei dem eintönigen Marsch durch den Busch begannen seine Gedanken zu wandern – zurück zu seinem Heimatdorf, zu dem Hof vor der Schule, wo er mit seinen Freunden nachmittags Fußball gespielt hatte, zu der Baracke, in der der Unterricht stattgefunden hatte, zu dem Gegacker der Hühner … Plötzlich brach die Erinnerung ab, eine eisige Hand schien nach ihm zu greifen, ihm brach der Schweiß aus. Beinahe wäre er auch hingefallen, doch er konnte den Sturz gerade noch abfangen. Nur weiter, den misstrauischen Blicken der Rebellen keinen Anlass bieten.

Wie lange war es wohl her, dass seine Kindheit so plötzlich ein Ende gefunden hatte? Ihm schien es eine Ewigkeit, er hatte sein Zeitgefühl verloren. Hatte er drei oder schon vier Regenzeiten im Busch verbracht? Er versuchte sich zu erinnern, doch sein Kopf war wie ausgetrocknet.

»Halt! Hier bleiben wir. Baut das Lager!«

Die Anweisungen rissen John aus seinen Gedanken. Erschöpft ließ er seine Last zu Boden gleiten.

Zusammen mit den anderen Kindern machte er sich daran, das Lager herzurichten. Einige sammelten Holz für das Lagerfeuer, andere bauten die Zelte für die Nacht. Die Frauen und Mädchen bereiteten inzwischen das Essen für die Männer zu.

»Hier, esst!«

Einer der Männer reichte John eine Schüssel mit Hirsebrei und Soße und sah zu, wie die Kinder sich gierig über das Essen hermachten. Wie so oft reichte es nicht, um satt zu werden. Viel zu schnell war die Schüssel leer.

Widerwillig und zugleich dankbar nahm John eine der Zigaretten, die der Mann jetzt verteilte. Er wusste, es war keine gewöhnliche Zigarette: Sie würde den Hunger betäuben und ihn vielleicht etwas schlafen lassen.

Der Mann blieb bei ihnen sitzen und rauchte mit ihnen gemeinsam. Er erzählte den Kindern, dass die Regierung Unheil über das Land gebracht habe, sodass die Menschen jetzt hungern müssten. Darum müsse die Regierung abgesetzt werden und dafür würden sie kämpfen.

Keines der Kinder wagte es, seine Worte zu kommentieren.

John erinnerte sich an Cyril, einen Jungen aus

ihrer Gruppe, der immer so mutig gewesen war. Eines Tages, als alle Rebellen versammelt waren, hatte er es gewagt, den Anführer zu fragen, warum sie kämpften. Der Anführer hatte geschwiegen und gelächelt, aber es war ein böses Lächeln gewesen. Er hatte langsam seine Waffe gehoben und Cyril erschossen. John hatte alles mit angesehen. Seither gab es keine Fragen mehr.

John fürchtete den Schlaf, denn der brachte ihm schlimme Träume, von denen er fast jede Nacht schweißgebadet aufwachte. Im Traum sah er seinen Onkel und seine Tante, die ihn aufgezogen hatten, so wie es bei ihnen üblich war. Dann hörte er wieder die Schüsse und sah Männer, die das Dorf stürmten ... er hörte die Schreie seines Onkels ... dann sah er ein Gewehr, das auf ihn gerichtet war ...

»He, John, was ist?«

John erschrak, aber er war aufgewacht. Neben ihm drehte sich JC, sein »Freund«, wenn man ihn so nennen wollte, unwillig um und versuchte wieder einzuschlafen.

JC war etwas älter als er und schon länger bei den Rebellen. Er konnte einen kerzengeraden Handstand und sogar ein Stückchen auf den Händen laufen. Abends, wenn sie zusammensaßen, konnte er Geschichten erzählen, die er von seinem Großvater gehört hatte, der ein bekannter Geschichtenerzähler gewesen war. Und JC war geschickt im Umgang mit Feuer. Meist war er es, der zusammen mit John in den Dörfern, die von den Rebellen überfallen wurden, die Häuser anzünden musste.

John mochte JC und seine Art, selbst aus dem jetzigen Leben das Beste zu machen. Doch spürte er, dass JC auch die Macht über Menschenleben genoss, die die Zugehörigkeit zu den Rebellen selbst den Kindern gab. Er hatte gesehen, wie JC einen Gefangenen, den er bewachen sollte, immer wieder schlug und quälte, bis er ihn schließlich auf Geheiß des Anführers zwang, sich sein eigenes Grab zu schaufeln, und ihn dann tötete.

Viele der Kinder schliefen ebenso unruhig wie John, aber er hatte sie nie nach ihren Träumen gefragt. Was sollte er schon dazu sagen? Die Kinder sprachen über solche Dinge nicht miteinander. Manchmal kam die kleine Ayla nachts zu John gelaufen, wenn sie sich vor Gewehrfeuer fürchtete. Dann legte er seinen Arm um sie, so wie er früher seine kleine Schwester beschützt hatte, wenn sie sich vor Geistern fürchtete.

So ging es nun schon eine Ewigkeit: Märsche durch den Busch, Lager aufbauen, hin und wieder Gefechte mit den Regierungstruppen, bei denen ebenfalls viele Kinder kämpften.

Früher, als John neu bei den Rebellen gewesen war, hatten sie ihn oft geschlagen. Jetzt brauchten sie das nicht mehr, er tat von allein, was sie von ihm wollten, und bemühte sich, nicht aufzufallen. Vor kurzem hatten sie ihm sogar ein eigenes Gewehr gegeben und ihm gezeigt, wie man damit schießt. John war ein guter Schütze, sie hatten ihn gelobt und er war stolz gewesen. Jetzt gehörte er fast schon dazu.

»Los, John, komm mit!«

Mosquitos Befehl riss John aus seinem Dämmerschlaf. Schnell sprang er auf, denn Mosquito duldete keinen Widerspruch. Er war der zweite Anführer, ein drahtiger Mann, dessen Stimmung von einer Sekunde zur nächsten von Großzügigkeit in brutale Gewalt umschlagen konnte. John nahm sein Gewehr und folgte den anderen Rebellen in den Busch. Zurück blieben ein paar Wächter, die Frauen und die jüngeren Kinder.

Mühsam bahnte sich die Gruppe ihren Weg, bis in der Ferne ein Dorf auftauchte. Einige Hütten, etwas Vieh, ein paar Felder ... ein Dorf wie viele andere. Beim Gedanken an Bohnen und frischen Mais zog sich Johns Magen schmerzhaft zusammen.

Dann ging alles blitzschnell: Die Rebellen hatten das Dorf umzingelt. Auf Befehl des Anführers stürmten sie los, rannten in die Siedlung und schossen um sich. Ebenso schnell war alles vorbei.

Ein kleines Häufchen verängstigter Dorfbewohner drängte sich auf dem Dorfplatz zusammen, zwischen den Häusern lagen Leichen.

»Gebt uns Essen!«, herrschte der Kommandant einen der Männer an, die das Massaker überlebt hatten.

»Wir haben fast nichts, die letzte Ernte war schlecht und das neue Korn ist noch nicht reif«, antwortete der Mann zitternd.

Wortlos griff der Anführer ein Mädchen aus der Gruppe. John sah ihre angstgeweiteten Augen.

»John!« Der Kommandant hielt John eine Machete hin.

John war starr vor Angst. Langsam hob der Anführer seine Pistole und richtete sie auf Johns Kopf. »Fünf, vier ...«, zählte er langsam.

John war außer sich vor Entsetzen. Er wusste, dass er jetzt die Dorfbewohner bestrafen sollte für ihre Weigerung, den Rebellen Lebensmittel zu geben. Er wusste auch, wie das zu geschehen hatte – die fehlende Hand würde sie ein Leben lang an ihren Ungehorsam erinnern.

Da gellte ein Schrei durch die Luft. »Soldaten!«

Der Schuss löste sich aus der Waffe des Anführers, doch John hatte sich geistesgegenwärtig zur Seite geworfen, sodass die Kugel ihr Ziel verfehlte.

Ein Gefecht begann zwischen den Rebellen und einem Trupp Soldaten, der wie aus dem Nichts aufgetaucht war.

John blieb auf der Erde liegen. Er wollte weg, aber seine Beine versagten ihm den Dienst, er konnte nicht aufstehen. So presste er sich dicht an den Boden und robbte im Kugelhagel zu einem etwas abseits stehenden Baum mit ausladendem Wurzelwerk und einigen Büschen, die um den Stamm herum wuchsen und in deren Laub er sich versteckte. Zitternd schloss er die Augen und wartete.

Die Soldaten waren in der Überzahl und hatten die besseren Waffen. Schließlich wandten sich die Rebellen zur Flucht. Es wurde still.

Eine Ewigkeit später wagte es John, die Augen zu öffnen. Er blickte sich um. Vor ihm lag das Dorf, ruhig und menschenleer. Irgendwo meckerte eine Ziege, in den Ästen des Baumes hüpften zwitschernd ein paar Vögel. Ein Rascheln im Gras ließ John zusammenfahren, doch es war nur eine Eidechse. Er schloss die Augen wieder und wartete auf den Einbruch der Dunkelheit.

Als die Sonne sich langsam zum Horizont senkte, begann John, sich aus seinem Versteck zu lösen. Zentimeter um Zentimeter, jede Bewegung sichernd, befreite er sich aus dem schützenden Laubwerk. Die Rebellen waren verschwunden und auch von den Soldaten war nichts mehr zu sehen. Vielleicht waren sie den flüchtenden Rebellen gefolgt. Auch von den Dorfbewohnern keine Spur. Wer überlebt hatte und noch laufen konnte, hatte sich so schnell wie möglich im Busch versteckt.

Eng an die Hüttenwände gepresst machte John sich auf die Suche nach etwas Essbarem. Sein Magen schmerzte und er spürte brennenden Durst.

Aus einer der Hütten drang ein leises Stöhnen. John zog es zu dem offenen Eingang, obwohl die Rebellen ihm immer gesagt hatten, dass Verwundete erschossen werden sollten – wer wusste schon, ob sie nicht doch noch irgendwo eine Waffe hatten? Doch jetzt waren die Rebellen weg.

Im dämmrigen Licht erkannte John die Umrisse eines Menschen, der auf dem Boden lag. Es war eine Frau, ihre Kleider waren zerrissen, ihre Beine voller Blut. Ein Bild schoss ihm durch den Kopf ... seine Tante, die am Boden lag, die Rebellen, die um sie herumstanden und lachten ...

John erkannte die Frau. Es war eine der Dorfbewohnerinnen, die in der Gruppe auf dem Dorfplatz gestanden hatten. Sie war verletzt, lag im Sterben.

Als die Frau John sah, erschrak sie, aber dann flüsterte sie doch leise: »Wasser, Wasser.«

John schaute sich um. An der Wand stand eine kleine gefüllte Kalebasse mit einer Flüssigkeit. Vorsichtig benetzte John die Lippen der Frau.

Nach einigen Schlucken öffnete sie die Augen. Mühsam zeigte sich so etwas wie ein Lächeln auf ihrem Gesicht. Das Wasser schien ihr Kraft zu geben.

»Wo ist die nächste Stadt?«, fragte John in der Hoffnung, dass sie ihn verstand.

»Mubongo«, flüsterte sie, »geh nach Mubongo.«

Er legte seine Hand auf den Arm der Frau. Für ihn war es seit langer Zeit die erste wohlmeinende Berührung eines Menschen. In ihm krampfte sich etwas zusammen. Ihr fiebriger, unsteter Blick begegnete seinen Augen. Dann wurde ihr Gesicht leer. Sie war tot.

In einer Hütte lag noch etwas Mais verstreut neben der Kochstelle und in der Nähe des Dorfs stieß John auf einen Bach. Er aß, trank und wusch sich und legte sich auf die Erde, um ein paar Stunden zu schlafen.

Am nächsten Morgen begrub er die tote Frau.

Dann nahm er einen kräftigen Stock aus ihrer Hütte als Schutz gegen wilde Tiere und machte sich auf den Weg in die Richtung, in der er Mubongo vermutete.

Viele Tage war John im Busch unterwegs. Er hielt sich von Menschen fern, ging meist nur in der Dämmerung, stets auf der Hut vor Raubtieren, die auf der Jagd seinen Weg kreuzen könnten.

Manchmal fand er Wurzeln und Blätter, die er essen konnte, oder er fing Heuschrecken und Raupen. Aber das reichte nicht, um den anstrengenden Marsch durchzuhalten. Er wurde immer schwächer.

Eines Abends, als es schon beinahe dunkel war, stolperte er über eine Wurzel und fiel zu Boden. Ein heftiger Schmerz durchfuhr seinen Arm. Bei dem Versuch, wieder aufzustehen, wurde ihm schwarz vor Augen ... Er blieb liegen.

Früh am nächsten Morgen erwachte er von Stimmen, die zuerst ganz leise, wie durch eine dicke Wand, dann immer lauter und klarer zu ihm drangen.

John blinzelte durch die halb geschlossenen Lider.

Die Stimmen gehörten zu einer Gruppe von Hirtenjungen, die um ihn herumstanden und kleine Steinchen auf ihn warfen, um herauszufinden, ob er noch lebte. Als sie sahen, dass John die Augen öffnete, lief einer von ihnen ins Dorf, um Hilfe zu holen. Die anderen Kinder standen weiter um ihn herum und starrten ihn an, bis eine Gruppe Erwachsener herbeikam.

Die Dorfbewohner betrachteten den fremden Jungen unschlüssig und beratschlagten lange.

Einem Mann fiel auf, dass der Junge viele Narben hatte, und er vermutete, dass er vielleicht zu den Rebellen gehörte. War das eine Falle? Was hatte der Junge vor?

Eine groß gewachsene Frau gab zu bedenken, dass Kinder in dieser Gegend schon ganze Dörfer angezündet und ihre eigenen Verwandten umgebracht hatten.

Ein grauhaariger alter Mann, der hinter ihr stand, fragte, was wohl passieren würde, wenn die Soldaten den Jungen im Dorf fänden?

Andere wiederum wandten ein, dass er doch noch ein Kind war und man ihn nicht einfach wieder allein in den Busch schicken konnte.

Nach langem Hin und Her kamen sie überein, kein Risiko einzugehen. Die Frau brachte John etwas zu essen, Wasser und noch ein wenig Proviant für den Weg. Dann sagten sie ihm, dass er gehen müsse, und zeigten ihm die Richtung nach Mubongo.

John fühlte eine große Leere in sich. Und aufkeimenden Hass auf die Menschen, die ihm nicht helfen wollten und ihn im Stich ließen. Aber er wusste auch, dass sie aus ihrer Sicht das Richtige taten. Er war eine Gefahr für die anderen. Er musste allein zurechtkommen.

Nachdem er etwas gegessen und getrunken hatte, machte er sich mit schwachen Beinen auf den Weg, ohne sich noch einmal umzuschauen. Er wollte erst einmal nach Mubongo, dann würde er weitersehen.

Auf dem Weg begannen seine Gedanken wieder

zu schweifen. In seinem Dorf hatten sie einmal von einem Jungen erzählt, der nach Europa gegangen war. Dort war er reich geworden, wie alle, die dort lebten. In Europa gab es keinen Krieg, immer genug zu essen und alle Kinder durften jeden Tag zur Schule gehen.

Vielleicht konnte er auch nach Europa? Er würde viel lernen und vielleicht könnte er dann später einmal Arzt werden oder Rechtsanwalt. Vielleicht entdeckte ihn dort ein berühmter Fußballverein? Oder er könnte einen kleinen Laden eröffnen und Kleider verkaufen, Fußballtrikots zum Beispiel. Ja, nach Europa, das war eine gute Idee!

John lächelte, denn jetzt hatte er wieder einen Plan für seine Zukunft. Und er hatte noch einen letzten Joker. Den wollte er jetzt einsetzen.

Vorsichtig nestelte er an dem kleinen Säckchen, das an einer Schnur um seinen Hals hing. Alle hatten gedacht, es sei ein Amulett, das ihn vor feindlichen Kugeln und Krankheiten schützen sollte. Doch es waren Diamanten. Viele kleine, glitzernde Steine, ein unermesslicher Reichtum.

John hatte das Säckchen nach einem Gefecht bei einem erschossenen Jungen gefunden. Der Junge hatte mit ihnen gekämpft, aber er war vorher bei einer anderen Rebellengruppe gewesen. An einem Abend, als sie nach dem Essen noch zusammensaßen, hatte er ihm und Ayla erzählt, dass er anfangs in einer Diamantenmine arbeiten musste. Offenbar hatte er dort immer wieder einige Steine vor den Bewachern verschwinden lassen.

Die Steine hatten dem Jungen nicht geholfen, denn die Gewehrkugeln trafen ihn trotzdem. Aber vielleicht würden sie jetzt Johns Rettung werden.

Schneller als erwartet erreichte er zwei Tage später Mubongo, eine ärmliche kleine Provinzstadt. Auf dem Markt half er als Tagelöhner für ein paar Lebensmittel aus und hörte sich dabei um.

So lernte er Amos kennen, einen kleinen Mann, der zwar lächelte, aber merkwürdig angespannt wirkte. Amos versprach John, ihn gegen ein entsprechendes Entgelt außer Landes zu bringen. Er sagte ihm, er solle warten, bis er ihm Bescheid geben würde.

Nach einigen Tagen kam Amos wieder und erklärte, er habe jetzt alles vorbereitet, es könne losgehen. Sie verabredeten sich am kommenden Morgen am Stadtrand, dort, wo die befestigte Straße nach Norden führte.

In der Nacht schlief John das erste Mal seit langem ruhig und friedlich. Er träumte von dem großen Flugzeug, das ihn nach Europa bringen würde. Dort erwarteten ihn freundliche und lachende Menschen. Er durfte in einer großen, sauberen Wohnung wohnen und er bekam neue, schöne Kleider und Schuhe, in denen er an den folgenden Tagen vormittags zur Schule ging und nachmittags mit vielen anderen lachenden Kindern auf einem riesigen Platz Fußball spielte …

Nur mühsam fand John bei Sonnenaufgang in die Wirklichkeit zurück, doch er fühlte sich gestärkt und guten Mutes, denn schon bald würde er in Europa sein und dann würde sein Traum wahr werden.

Von fern sah er Amos' kleine Gestalt sich dem Treffpunkt nähern. Er kam in Begleitung zweier Männer – bestimmt waren das die Freunde, von denen er gesprochen hatte, die John in die Hauptstadt bringen sollten, damit er von dort aus nach Europa fliegen konnte.

Sie begrüßten sich.

Dann ging alles sehr schnell. Entgegen der Absprache wollte Amos plötzlich seinen gesamten Lohn sofort haben.

John bekam Angst. Er schüttelte den Kopf. Unwillkürlich hielt er schützend die Hand über das Säckchen mit den Diamanten an seinem Hals.

Die drei Männer standen drohend um John herum. Dann begannen sie, auf ihn einzuschlagen.

John war ein geübter Kämpfer, doch die Männer ließen ihm keine Zeit, sich zu wehren. Sie schlugen ihn zusammen und rannten davon.

Stunden später kam John in der stechenden Mittagshitze wieder zu sich. Sein ganzer Körper schmerzte, sein Kopf brummte und er verspürte ungeheuren Durst. Er griff nach dem Säckchen – es war weg.

John blieb einfach liegen. All seine Hoffnung war mit einem Schlag zunichte. Er hatte alles versucht. Was sollte er jetzt noch tun? Das Beste war zu sterben. So wartete er auf den Tod.

Gegen Abend kam ein Trupp Soldaten vorbei und sah ihn am Straßenrand liegen. Gelangweilt kamen die Männer näher, um nachzuschauen. Sie stießen John mit ihren Gewehrläufen an und stellten fest, dass er lebte.

So jung und ganz allein hier? Ob er zu den Rebellen gehörte? Das musste doch herauszubekommen sein. Sie richteten ihre Gewehre auf John und zerrten ihn mit sich.

Die Soldaten brachten John zu ihrem Kommandanten. Der Kommandant war ein großer dicker Mann in einer Tarnuniform. Er wies die Soldaten an, John zu verhören. Wenn die Rebellen tatsächlich wieder in der Nähe der Stadt waren, dann war das eine wichtige Information. Er wollte wissen, warum sie den Jungen dort liegen lassen hatten. Vielleicht hatte er versucht zu fliehen? Das sollten sie aus ihm herausbekommen.

Die Soldaten glaubten John nicht, dass er allein war. Immer wieder fragten sie ihn, wo die anderen Rebellen waren und was sie vorhatten. Sie schlugen ihn, bis er das Bewusstsein verlor. Zwischendurch sperrten sie ihn in einen kleinen Raum und gaben ihm etwas zu trinken und ein wenig Brot. Wenn er sich erholt hatte, holten sie ihn wieder.

Nach zwei Tagen ließen sie von ihm ab, nachdem keine neuen Informationen von ihm kamen. Vielleicht hatte der kleine Verbrecher ja doch die Wahrheit gesagt?

Die Soldaten sperrten John in ein Lager, in dem viele Männer lebten. Sie alle sollten früher bei den Rebellen gewesen sein, zumindest glaubten die Soldaten das von ihnen. Auch Kinder waren unter den Gefangenen.

Manchmal waren die anderen Männer nett zu den Jungen, denn sie erinnerten sie an ihre Familie. Doch meistens mussten die Kinder für sie das Essen holen oder die Latrine leeren.

Und manchmal hörte John nachts Schreie von Jungen aus den benachbarten Zelten, in denen sie gemeinsam mit den Erwachsenen schlafen mussten.

John blieb eine Zeitlang in dem Lager. Einmal kamen Weiße zu ihnen. Sie wollten alle Insassen sehen, sprachen mit ihnen und hörten sich ihre Geschichten an. Einige der Männer waren verwundet oder krank, sie wurden von den Weißen behandelt.

Einer der Weißen kam auch zu John. Er hatte einen Dolmetscher dabei, der Johns Sprache sprechen und in die Sprache der Weißen übersetzen konnte. Der Weiße fragte John nach seinem Alter. John war sich nicht sicher, er gab einfach an, dass er fünfzehn Jahre alt sei.

Die Weißen nahmen John und die anderen Jungen mit. John war alles gleichgültig. Sein Leben hatte keinen Wert mehr, mochten sie mit ihm machen, was sie wollten.

Die Weißen brachten ihn in ein anderes Lager. Dort sah es ordentlicher aus, es gab feste Hütten. Hier schienen nur Kinder zu wohnen.

Als Erstes wurde John registriert, er erhielt einen Ausweis und eine Nummer. Dann durfte er sich waschen und eine Frau gab ihm frische Kleider, Handtücher, Seife und eine Matratze, auf der er schlafen konnte. Anschließend brachte sie ihn zu einer der Hütten, in denen jeweils sechs Jungen in Etagenbetten schliefen.

Die anderen Jungen standen an der Tür und schauten den Neuankömmling an.

»Hi John«, hörte er eine Stimme.

John sah überrascht auf. Tatsächlich: Es war JC.

»Ich hoffe, du schläfst nicht in unserem Haus.«

John grinste. JC hatte sich früher immer über ihn beklagt, weil John so unruhig schlief. Jetzt war er froh, ein bekanntes Gesicht zu treffen.

JC war schon länger in dem Lager. In den nächsten Tagen erklärte er John, dass das Lager extra für ehemalige Kindersoldaten eingerichtet worden sei, von einer Organisation, die Flüchtlingen hilft. Er zeigte ihm, wo das Essen ausgegeben wurde. Und er nahm ihn mit in die Schule, wo er neben ihm sitzen durfte.

Jeden Tag war vormittags Unterricht. John war das Lernen nicht mehr gewöhnt und es fiel ihm sehr schwer, sich zu konzentrieren. Aber er lernte gern.

Nachmittags kamen manchmal Leute, Weiße oder Afrikaner, die mit John und den anderen Kindern redeten. Wer wollte, konnte auch allein mit ihnen sprechen.

John fasste Vertrauen zu einem hochgewachsenen weißen Mann, der eine Brille trug, durch die er John die meiste Zeit aufmerksam betrachtete. Er sprach sogar Johns Sprache.

John begann zu erzählen. Er erzählte seine ganze Geschichte und der Mann hörte ihm geduldig zu. Er sagte wenig, hörte einfach nur zu und schrieb manchmal etwas auf.

John wusste nicht, ob es ihm guttat zu reden, denn oft träumte er nach den Erzählungen wieder die schlimmen Träume. Manchmal hatte er aber auch das Gefühl, dass all das jetzt weiter weg war. Die Gegenwart war hier, im Lager. Und hier konnte er auch wieder Fußball spielen. Nachmittags, nach der Schule, wie damals in seinem Dorf.

TEIL II

Fakten und Argumente

WER FLIEHT?

Jedes Jahr verlassen weltweit Millionen von Menschen notgedrungen ihre Heimat auf der Suche nach Frieden und Schutz vor Krieg, Verfolgung, Gewalt, Hunger und Naturkatastrophen. Im Jahr 2007 waren rund 32 Millionen Menschen unter der Verantwortung von UNHCR (Flüchtlingshochkommissariat der Vereinten Nationen). Zu ihnen gehören Flüchtlinge, Asylbewerber und Binnenvertriebene.

Wer sein Heimatland verlässt, weil er die begründete Furcht hat, wegen seiner politischen Überzeugung, seiner ethnischen Herkunft, seiner Religion, seiner Staatsangehörigkeit oder seiner Zugehörigkeit zu einer bestimmten sozialen Gruppe verfolgt zu werden, ist nach Definition der Genfer Flüchtlingskonvention zur Rechtsstellung von Flüchtlingen von 1951 ein Flüchtling. Manche Flüchtlinge benötigen nur zeitweiligen Schutz – ist die Gefahr vorüber, wollen sie schnellstmöglich wieder zurückkehren. Anderen jedoch ist der Rückweg dauerhaft versperrt, sie müssen bei der Überquerung der Grenze damit rechnen, verhaftet, inhaftiert oder anderweitig verfolgt zu werden. Sie müssen auf längere Zeit in dem Aufnahmestaat bleiben und stellen zu diesem Zweck bei den Behörden dieses Landes einen Asylantrag. Solange ihr Asylverfahren noch nicht endgültig entschieden ist, spricht man von *Asylbewerbern*. Nach der Anerkennung ihres Anspruchs auf Asyl spricht man von *Asylberechtigten*. Flüchtlinge, die zwar kein Asyl, aber ein gleichwertiges Aufenthaltsrecht nach der Genfer Flüchtlingskonvention erhalten, werden in Deutschland meist als *anerkannte Flüchtlinge* bezeichnet.

Manche Menschen schaffen es nicht, ihr Land zu verlassen, obwohl sie in Gefahr sind. Sie haben vielleicht keinen Pass oder nicht genug Geld, Flüsse oder Gebirge bilden natürliche Hindernisse, Nachbarstaaten schließen ihre Grenzen. Andere wollen vorerst in der vertrauten Umgebung bleiben und hoffen, erst einmal in einem anderen Landesteil Sicherheit zu finden, bis die Lage sich etwas beruhigt hat. Diese Gruppe nennt man *Binnenvertriebene*. Ihre Zahl hat in den letzten Jahren stark zugenommen – heute kommen auf einen Flüchtling zwei Binnenvertriebene.

Viele dieser Menschen sind an ihrer neuen Zufluchtstätte nicht willkommen. Staaten schotten sich ab und wollen keine Flüchtlinge mehr aufnehmen, sei es aus Angst um die Wirtschaft, sei es aus Fremdenfeindlichkeit oder weil sie befürchten, die Gesellschaft könnte durch eine zu große Zahl von Flüchtlingen instabil werden. Selbst Binnenvertriebene stoßen im eigenen Land auf Zurückhaltung oder sogar Ablehnung.

Niemand flieht freiwillig – und so kehren auch viele Flüchtlinge wieder an ihre Wohnorte zurück, sobald sich die Lage dort gebessert hat. Seit der Jahrtausendwende ist die Zahl der Flüchtlinge erheblich gesunken, weil Millionen von Menschen in die ehemaligen Bürgerkriegsstaaten Afghanistan, Angola und Sierra Leone zurückgekehrt sind.

2007 zählte UNHCR weltweit 11,4 Millionen Flüchtlinge – eine der niedrigsten Zahlen seit 25 Jahren, aber 2,5 Millionen mehr

Menschen als noch im Jahr zuvor. Die Zahl der Binnenvertriebenen hat demgegenüber seit den Neunzigerjahren des vergangenen Jahrhunderts stark zugenommen und wird derzeit auf etwa 26 Millionen geschätzt. Die weitaus meisten Flüchtlinge leben außerhalb Europas.

Etwa die Hälfte der Flüchtlinge sind Frauen. Flieht eine große Anzahl von Menschen, die aber in der Region bleiben, so handelt es sich meist um Frauen, Kinder und alte Menschen. Unter den Asylbewerbern sind dagegen deutlich weniger Frauen. Vielfach flieht zunächst der oftmals unmittelbar bedrohte Mann, Frau und Kinder bleiben in der oft trügerischen Hoffnung zurück, dass ihnen nichts zuleide getan wird. In vielen Fällen versuchen aber die Verfolger, durch Druck auf die Frau – z.B. bei Hausdurchsuchungen und durch sexuelle Übergriffe – den Mann in seiner Rolle als Schützer der Familienehre zu treffen.

Flüchtlinge und Asylbewerber werden in der Regel durch den Flüchtlingshochkommissar der Vereinten Nationen registriert. Daher liegen für diese Personengruppe relativ verlässliche Zahlen über Alter und Geschlecht vor. Binnenvertriebene werden jedoch von UNHCR nur selten und nicht in allen betroffenen Ländern erfasst. Über Rückkehrer und insbesondere zurückgekehrte Binnenvertriebene gibt es daher nur spärliche Angaben.

FLUCHT UND ASYL HABEN GESCHICHTE

Ein Asyl war ursprünglich ein Ort der Zuflucht, an dem keine Verfolgung stattfinden durfte. An solchen Orten konnten sich Menschen zum Beispiel vor Blutrache in Sicherheit bringen. Später, in der griechischen Antike, wandelte sich der Begriff und gab dem Flüchtenden selbst ein Recht auf Schutz vor der verfolgenden Macht.

Das Mittelalter, das geprägt war vom Nebeneinander weltlicher und kirchlicher Macht, kannte neben dem staatlichen oder völkerrechtlichen Asyl ein kirchliches Asylrecht. Das Kirchenasyl, das streng genommen allein auf einer Selbstverpflichtung der Beteiligten beruht, existiert bis heute. Auch in anderen großen Weltreligionen spielen Flucht und Asyl eine wichtige Rolle. Jesus, Mohammed und Buddha mussten sich vor Verfolgung in Sicherheit bringen, weil ihre Gedanken als Bedrohung empfunden wurden.

In den Anfängen wurde das Asylrecht zumeist von Straftätern in Anspruch genommen, die der oft grausamen Strafverfolgung entgehen wollten. Die Weiterentwicklung des Asylrechts stand und steht in engem Zusammenhang mit Massenfluchtbewegungen. Die Religionskriege im Europa des 16. und 17. Jahrhunderts, eingeleitet von der Reformation, führten zu religiös begründeten Verfolgungswellen in Europa. Die Aufnahmestaaten standen vor einer neuen Herausforderung: dem Schutz Tausender von Menschen vor politischer Verfolgung. Der Rechtslehrer Hugo Grotius, selbst aus den Niederlanden nach Frankreich geflohen, erkannte bereits 1625, dass das Asyl*recht* des Einzelnen eigentlich eine Asyl*pflicht* des Staates ist. Doch in Deutschland wurde dieser Grundpfeiler eines funktionierenden Flüchtlingsschutzes erst nach dem Zweiten Weltkrieg in der Verfassung verankert.

Das 20. Jahrhundert wurde zum Jahrhundert der Flüchtlinge. Nach dem Ersten Weltkrieg schuf der Völkerbund das Amt des Hochkommissars für Flüchtlinge. Allerdings verstand man in der Weimarer Republik Asyl noch als Gnadenrecht, das jederzeit gewährt oder entzogen werden konnte.

Im Zweiten Weltkrieg und danach kam es erneut weltweit zu riesigen Fluchtbewegungen. Angesichts der unvorstellbaren Grausamkeiten dieser Zeit begannen die Staaten sich intensiver mit den Menschenrechten auseinanderzusetzen. Dies führte auch zu einer Fortentwicklung des Asylrechts. Am 10. Dezember 1948 wurde die Allgemeine Erklärung der Menschenrechte verabschiedet. Seither zählt das Asylrecht zu den Grundlagen des Völkerrechts.

> **Jeder hat das Recht, in anderen Ländern vor Verfolgung Asyl zu suchen und zu genießen.**
>
> **Allgemeine Erklärung der Menschenrechte, Artikel 14**

1949 brachte das Grundgesetz der Bundesrepublik Deutschland ein modernes Asylrecht auf den Weg: Erstmals wurde das Asylrecht als einklagbarer Rechtsanspruch gegenüber dem Staat formuliert. Die Verfasser des Grundgesetzes wollten, dass demjenigen Asyl gewährt wird, »der in seinem Land nicht mehr leben kann, weil er durch das politische System seiner Freiheit, seines Lebens oder seiner Güter beraubt wird«.

In der ursprünglichen Fassung des Grundgesetzes lautete Artikel 16, Absatz 2, kurz und einfach: »Politisch Verfolgte genießen Asylrecht.« Später wurde diese Asylgarantie jedoch mehrmals stark eingeschränkt. Heute gehen in Europa wesentliche Impulse im Flüchtlingsrecht von der Europäischen Union aus, die eine Vereinheitlichung des Asylrechts anstrebt.

WARUM MÜSSEN MENSCHEN FLIEHEN?

Wer flieht, will einer existenziellen Bedrohung entgehen und sieht in seiner Heimat keine Perspektive mehr. Immer wieder müssen Menschen vor Naturkatastrophen wie Dürre, Wirbelsturm oder Überschwemmung fliehen. Doch viel öfter sind Menschenrechtsverletzungen der Grund für die Flucht.

In vielen Staaten werden Menschen verfolgt, weil sie eine Überzeugung vertreten, die der Politik der Machthaber in diesem Staat widerspricht: Oppositionspolitiker, die öffentlich die Politik der Machthaber kritisieren, Journalisten, die regierungskritische Artikel veröffentlichen, Dissidenten, die im Internet Menschenrechtsverletzungen in ihrem Land anprangern, Rechtsanwälte, die Regierungsgegner vor Gericht vertreten und deswegen ihrerseits mit Strafverfolgung rechnen müssen, Bauern, die einer Rebellenbewegung Lebensmittel geben, und viele andere mehr.

Findet die Politik eines Staatsoberhaupts keine Unterstützung im Volk, dann werden solche Aktivitäten zur Bedrohung für die Regierung und mit drastischen Maßnahmen verfolgt: Inhaftierung ohne Gerichtsverfahren, Folter, »Verschwindenlassen«, politischer Mord und Repressalien gegenüber Angehörigen sind in vielen Ländern an der Tagesordnung.

Viele politische Aktivisten stellen sich diesen Menschenrechtsverletzungen mit großem Mut und hoffen, die Situation von innen heraus verändern zu können. Doch wer einmal Haft, Folter oder einen Mordanschlag überlebt hat oder wessen Familie bedroht wird, der entscheidet sich häufig doch dafür, in einem anderen Land Schutz zu suchen. Die Verfolgung wegen der politischen Überzeugung ist ein Tatbestand, der zur Anerkennung als Flüchtling nach der Genfer Flüchtlingskonvention führen kann.

Weltweit werden Millionen von Menschen aufgrund ihrer Zugehörigkeit zu einer bestimmten ethnischen Gruppe diskriminiert. Ein trauriger Höhepunkt war im Jahr 1994 der Völkermord an Tutsi und oppositionellen Hutu in Ruanda in Ostafrika. In Europa kam es etwa zur gleichen Zeit im ehemaligen Jugoslawien zu schwersten Auseinandersetzungen unter den verschiedenen Volksgruppen, in deren Verlauf Teile der Zivilbevölkerung sogenannten *ethnischen Säuberungen* zum Opfer fielen, d.h. wegen ihrer Volkszugehörigkeit aus ihren Städten und Dörfern vertrieben wurden. Auch im neuen Jahrtausend finden in der sudanesischen Region Darfur ethnisch begründete Morde, Vergewaltigungen und Vertreibungen statt, denen vor allem die Zivilbevölkerung zum Opfer fällt. Ziel dieser massiven und massenhaften Menschenrechtsverletzungen ist die Vertreibung einer bestimmten Bevölkerungsgruppe aus ihrem angestammten Siedlungsgebiet. Die tieferen Gründe für eine solche Politik liegen jedoch – neben machtpolitischen und strategischen Beweggründen – häufig in der Kontrolle über Rohstoffe in der betreffenden Region. Verfolgung wegen der ethnischen Herkunft oder der Nationalität sind ebenfalls Fluchtgründe nach der Genfer Flüchtlingskonvention.

Die Beispiele zeigen, dass die Flucht bestimmter Volksgruppen nicht nur ein Nebeneffekt, sondern sogar Ziel eines Krieges sein kann. Viele bewaffnete Konflikte ziehen Flüchtlingskrisen nach sich. Die beiden Tschetschenien-Kriege 1994 bis 1996 und 1999 bis 2006 haben zu großen Bewegungen von Binnenvertriebenen und Flüchtlingen in die benachbarten autonomen Republiken innerhalb der Russischen Föderation geführt. In der Folge des Irakkriegs suchten Millionen Iraker Zuflucht in den Nachbarstaaten. Etwa sechs Millionen Afghanen flüchteten während der Kriegsjahre, vor allem nach Pakistan und in den Iran – nur wenige von ihnen konnten sich die Flucht bis nach Westeuropa leisten. Mehr als die Hälfte ist inzwischen zurückgekehrt.

Der »Krieg gegen den Terror«, der unter Führung der USA gegen islamistische Fanatiker geführt wird, hat die Form des Krieges erneut verändert. Standen sich bislang zumeist zwei Staaten oder Staatenbündnisse als Gegner gegenüber, so setzt sich die eine Seite nun aus staatsübergreifenden Gruppen und Netzwerken zusammen. Diese sind naturgemäß schwerer zu fassen. Als Folge gerät die Zivilbevölkerung stärker ins Zentrum der Kampfhandlungen mit der weiteren Folge, dass viele als letzten Ausweg nur noch die Flucht sehen. Selbst der Versuch einer Befriedung umkämpfter Gebiete führt vielfach zu neuen Flüchtlingsbewegungen. Kann die Siegermacht keine durchsetzungsfähige Regierung einsetzen, kommt es zu Guerillakämpfen, deren Hauptopfer Zivilisten sind. Afghanistan und der Irak stehen dabei an vorderster Stelle.

Fluchtgründe können auch entstehen, wenn der Staat es versäumt, seine Bürger gegen Übergriffe zu schützen. Dies betrifft zum Beispiel die genitale Verstümmelung von Mädchen und Frauen, bei der ein Teil der äußeren weiblichen Genitalien entfernt wird, oft unter unhygienischen Bedingungen und manchmal sogar ohne Betäubung. Diese Beschneidung birgt ein hohes gesundheitliches Risiko mit zum Teil bleibenden körperlichen, seelischen und sexuellen Schäden, die die Lebensqualität der Frauen schwer beeinträchtigen und häufig sogar zum Tod führen können. In Westafrika und Teilen des arabischen Raums bis hin nach Indonesien droht jedes Jahr zwei bis drei Millionen Mädchen ein solcher Eingriff. Die genitale Verstümmelung wird bei Moslems und in anderen Religionen durchgeführt und oft als Ritus zur Aufnahme in die Welt der Erwachsenen gerechtfertigt. In Wahrheit dient sie jedoch mehr der Kontrolle der Frauen und ihrer Sexualität.

Zwar haben einige Staaten Gesetze gegen die genitale Verstümmelung erlassen, doch gelingt es nur selten, diese auch durchzusetzen. Vielerorts können sich Frauen und Mädchen, die von einer Beschneidung bedroht sind, keine Hilfe von der Polizei erhoffen. Da die genitale Verstümmelung vor allem in sehr traditionell geprägten Gebieten angewandt wird, wo es für eine alleinstehende Frau schwer ist, ohne Hilfe ihrer Familie zu überleben, sind betroffene Frauen und Mädchen praktisch schutzlos. Auch dies kann also ein Grund sein, das Land zu verlassen und in Gesellschaften Schutz zu suchen, in denen den Rechten von Mädchen und Frauen stärkeres Gewicht beigemessen wird.

Selbst wenn die genitale Verstümmelung nicht unmittelbar vom Staat ausgeht, kann allein der fehlende staatliche Schutz vor dieser Praxis nach der Genfer Flüchtlingskonvention als Verfolgungsgrund anerkannt werden.

Weitere Gründe, die Menschen zwingen, ihre Heimat zu verlassen, sind Hunger und Armut. Vielfach werden diese Menschen als »Wirtschaftsflüchtlinge« bezeichnet. Doch geht es den Betroffenen nicht um eine allgemeine Verbesserung ihres Lebensstandards, sondern um das Überleben.

Die Ursachen extremer Armut sind wiederum oftmals in der systematischen Verletzung von Menschenrechten zu suchen. So werden die wirtschaftlichen und kulturellen Rechte bestimmter Bevölkerungsgruppen, oft ethnischer Minderheiten, in manchen Staaten gezielt vernachlässigt: schlechte Gesundheitsversorgung, Arbeitslosigkeit, Hunger, manchmal begleitet von den Nachwirkungen von Kriegen oder Naturkatastrophen. Doch die Sicherung des wirtschaftlichen Überlebens allein reicht nicht aus für die Anerkennung als Flüchtling nach der Genfer Flüchtlingskonvention. Wer allerdings seine Heimat aus begründeter Angst vor Verfolgung verlassen musste und in anderen Teilen des Landes seinen Lebensunterhalt nicht in zumutbarer Weise sichern kann, der kann als Flüchtling anerkannt werden. Die anderen Menschen sind auf internationale Hilfe angewiesen, viele leben als Binnenflüchtlinge ohne Perspektive in ihrem Land.

DIE FLUCHT

Auch wenn im deutschen Recht von »Einreise« und »Ausreise« die Rede ist – mit einer Reise hat eine Flucht nur sehr wenig gemeinsam.

Wer flieht, lässt alles Bekannte, Freunde und oft sogar die engsten Familienangehörigen zurück und macht sich auf den Weg ins Ungewisse. Wer als Einzelner flieht, wird zumeist einige Vorbereitungen treffen: Vor allem muss Geld beschafft werden, um den Transport bezahlen und auf der Flucht überleben zu können. Manche suchen Hilfe bei Schlepperorganisationen, die oft große Geldsummen verlangen, sodass die Flüchtlinge ihr gesamtes Hab und Gut verkaufen müssen. Vielen erscheint eine Rückkehr schon deshalb ausgeschlossen. Verfolgte müssen einen Weg finden, die Landesgrenze unbemerkt zu überschreiten, sei es über die »grüne Grenze«, sei es durch gefälschte Ausweispapiere.

Gezielte Vertreibungen bestimmter Volksgruppen, Krieg oder Naturkatastrophen können zur Massenflucht führen. So flüchteten von April bis Juni 1994 fast zwei Millionen Menschen aus Ruanda, die meisten in Nachbarländer wie die heutige Demokratische Republik Kongo, Tansania, Burundi und Uganda. Durch diese Massenflucht wollten die Menschen weiteren Kämpfen und der Rache von Überlebenden entgehen. Sie war aber auch gezielt von der zusammenbrechenden Regierung herbeigeführt worden, um im Schutze des Menschenstroms unterzutauchen und das Land unbehelligt verlassen zu können.

Auch in Europa gab es Massenfluchten. Nach dem Zweiten Weltkrieg irrten Millionen von Menschen nach den Kriegswirren, nach Verschleppung oder Vertreibung heimatlos durch die Trümmer. Im Bosnienkrieg Anfang der 1990er-Jahre verloren durch »ethnische Säuberungen« erneut Hunderttausende Menschen ihre Heimat. Deutschland nahm viele Flüchtlinge auf, die meisten jedoch blieben als Binnenvertriebene im heutigen Bosnien-Herzegowina. Und im Kosovokrieg 1998/99 wurden Tausende von Menschen albanischer Herkunft gezwungen, den Kosovo zu verlassen. Die Bilder der kilometerlangen Flüchtlingsströme – in der Mehrzahl Frauen, Kinder und alte Menschen, erschöpft, ausgemergelt, nur das Nötigste bei sich tragend, verfolgt von feindlichen Milizen – gingen um die Welt.

Je nach Transportmittel kann eine Flucht Tage, Wochen, Monate oder sogar Jahre dauern. Wer zu Fuß unterwegs ist, an den Grenzen immer wieder warten muss, um Wege zum Passieren zu finden, krank oder beraubt wird, braucht lange, um sein Ziel zu erreichen. Für viele Flüchtlinge sind Flüchtlingslager die vorläufige Endstation ihres Weges.

Die Flucht soll Sicherheit bringen, doch ist sie selbst oft lebensgefährlich. Oft sind eisige Berge, tiefe Flüsse, Meere oder sengend heiße Wüsten zu überwinden. So ertranken im Jahr 2001 siebzehn indische Flüchtlinge bei dem Versuch, die March, einen Nebenfluss der Donau, zu überqueren, um nach Tschechien und von dort nach Deutschland zu gelangen.

Zudem werden Menschen auf der Flucht nicht selten erneut Opfer von Menschenrechtsverletzungen. Frauen und Mädchen sind vor allem von sexueller Gewalt bedroht. Unzählige Flüchtlinge sterben bei dem Versuch, illegal eine Grenze zu überschreiten. Im Spätsommer 2005 wurden mindestens dreizehn Menschen von spanischen und marokkanischen Grenzbeamten erschossen, als sie versuchten, auf spanisches Staatsgebiet in Ceuta und Mellila zu gelangen. Zwischen Weihnachten 2006 und Neujahr wurden über 400 afrikanische Flüchtlinge und Migranten in Marokko festgenommen und an der algerischen Grenze ausgesetzt. Viele von ihnen wurden von algerischen und marokkanischen Staatskräften schwer misshandelt. Mehrere Frauen wurden vergewaltigt, eine schwangere Frau verlor ihr Baby. Im Bürgerkrieg in der Demokratischen Republik Kongo wurden 2003 Zehntausende von Menschen auf der Flucht getötet.

Ein besonderes Thema ist der Umgang mit Flüchtlingen in der Europäischen Union. Bei günstiger Witterung machen sich immer wieder Menschen in kleinen, nicht seetüchtigen Booten auf den Weg, die Meerengen in Richtung Europa zu überqueren. So landeten allein in der Nacht zum 1. August 2008 fünf Boote mit insgesamt 750 Menschen an Bord an der Küste der süditalienischen Insel Lampedusa.

Viele Menschen erreichen ihr Ziel allerdings nicht. Im Juni 2008 ertranken mehr als 150 Flüchtlinge im Mittelmeer, als ihr überfülltes Boot auf dem Weg nach Italien vor der libyschen Küste kenterte. Zur selben Zeit kenterte ein Boot mit somalischen Flüchtlingen vor Malta. Dabei ertranken vermutlich mehrere Kinder. Überreste der Kleidung Ertrunkener und untergegangener Boote, die an die Strände gespült werden, gehören inzwischen auf einigen griechischen Inseln ebenso wie z. B. auf Lanzarote zum Alltag.

Unter den Menschen, die diesen lebensgefährlichen Weg nach Europa antreten, sind viele Flüchtlinge im Sinne der Genfer Flüchtlingskonvention. Aus Herkunftsländern wie Afghanistan, Somalia und dem Irak berichten Menschenrechtsorganisationen regelmäßig über systematische Menschenrechtsverletzungen. Doch die Europäische Union schottet sich gegenüber der unerlaubten Einwanderung zunehmend ab. Eine eigens gegründete Grenzschutzagentur, die »Europäische Agentur für die operative Zusammenarbeit an den Außengrenzen der Mitgliedstaaten der Europäischen Union – Frontex« mit Sitz in Warschau, hat seit Oktober 2004 die Aufgabe, die EU-Außengrenzen gegen Einwanderer zu sichern. Damit wird auch der Flüchtlingsschutz an die Außengrenzen der Europäischen Union verlagert. Die menschlichen Dramen, die sich dort abspielen, zeigen, wie sehr sich die EU-Staaten von grundlegenden Menschenrechtsstandards entfernen.

WOHIN FLIEHEN MENSCHEN?

Weltweit sind viele Millionen Menschen auf der Flucht. Doch wohin führt ihr Weg? Wie viele finden tatsächlich den Zugang in die reichen Industrieländer des Westens?

Die überwiegende Mehrzahl der Flüchtlinge – nach Angaben von UNHCR zwischen 83 und 90 Prozent – bleibt in ihrer Herkunftsregion. Dies gilt für Flüchtlinge aus Europa ebenso wie für Menschen aus Asien, Afrika oder Amerika. Im Jahr 2007 gelang es nur 14 Prozent, insgesamt etwa 1,6 Millionen Menschen, in anderen Regionen der Welt Zuflucht zu finden. Hauptaufnahmeland für Flüchtlinge war Ende 2007 Pakistan mit rund zwei Millionen, gefolgt von Syrien mit 1,5 Millionen und dem Iran mit 963 000 Flüchtlingen. Die meisten Flüchtlinge in Pakistan und dem Iran stammten aus Afghanistan, in Syrien fanden vor allem Iraker Zuflucht. Der Tschad, eines der ärmsten Länder der Welt, steht mit fast 300 000 Flüchtlingen auf Platz neun in der Rangfolge der zehn Hauptaufnahmestaaten für Flüchtlinge. Deutschland, eines der reichsten Länder der Welt, nimmt mit 600 000 Flüchtlingen den vierten Platz ein.

Diese Zahlen sind Momentaufnahmen. Sie sind ein Spiegel für die Krisenherde der Welt und verändern sich, wenn neue Konflikte aufbrechen, aber auch wenn Regionen befriedet werden und die Menschen in ihre Heimat zurückkehren. So führte die Stabilisierung der Lage in Sierra Leone und Liberia im Jahr 2006 zur Rückkehr von 108 000 Flüchtlingen nach Liberia. Afghanen und Iraker machen derzeit noch immer die Hälfte aller Flüchtlinge weltweit aus, obwohl in den beiden letzten Jahren jeweils rund 380 000 Menschen nach Afghanistan zurückkehrten.

Die von den stärksten Krisen betroffenen Regionen der Welt tragen zugleich die Hauptlast der Flüchtlinge. Mit sogenannten Resettlement-Programmen wird versucht, Flüchtlinge in aufnahmebereiten Staaten anzusiedeln und damit die Lasten ein wenig gerechter aufzuteilen. Doch von diesen Programmen profitiert nur knapp ein Prozent der Flüchtlinge.

In Europa ist die Zahl der Flüchtlinge in den letzten Jahren drastisch gesunken. 2007 kamen nur noch 230 000 Flüchtlinge in die EU – noch 1991 wurden allein in Deutschland 256 000 Asylanträge gestellt. Inzwischen liegt Deutschland im europäischen Vergleich mit 19 000 neu ankommenden Flüchtlingen pro Jahr an fünfter Stelle in der Liste der Aufnahmestaaten, die von Schweden (36 000) und Frankreich (35 000) angeführt wird. Setzt man jedoch die Zahl der Flüchtlinge ins Verhältnis zur Zahl der Einwohner, so steht Deutschland mit nur 0,2 Asylantragstellern pro tausend Einwohnern erst an 18. Stelle, deutlich hinter Zypern (8,7), Schweden (4,0), Malta (3,4), Griechenland (2,2) und Österreich (1,4).

Die gesunkenen Flüchtlingszahlen in der EU sind jedoch weniger ein Ausdruck weltweit abnehmender Konflikte, sondern vielmehr ein Ergebnis der zunehmenden Abschottung der EU-Außengrenzen gegen Einwanderer.

WIE LEBEN FLÜCHTLINGE?

Kommen binnen kurzer Zeit viele Menschen in ein Land, so müssen sie schnellstmöglich untergebracht und versorgt werden. Doch oft reichen die vorhandenen Mittel nicht aus, kurzfristig eine große Anzahl von Menschen zu versorgen. In der Regel übernehmen daher internationale Hilfsorganisationen diese Aufgabe.

Flüchtlingslager sind oft so groß wie eine kleine Stadt und beherbergen manchmal mehrere Zehntausend Menschen auf engstem Raum. Manche sind nur vorübergehende Einrichtungen, doch viele Lager, die vor einem halben Jahrhundert im Westjordanland, dem Gazastreifen und angrenzenden Gebieten für palästinensische Flüchtlinge eingerichtet wurden, bestehen heute noch, inzwischen oft mit festen Häusern.

Flüchtlingslager bieten den Bewohnern ein Mindestmaß an Versorgung. Nach den Strapazen der Flucht sind viele Menschen froh, wenigstens ein Dach über dem Kopf, etwas zu essen, sauberes Trinkwasser und eine medizinische Grundversorgung vorzufinden. Hilfsorganisationen übernehmen neben der Verteilung von Nahrungsmitteln in der Regel auch die medizinische Hilfe. Neben Impfungen und der Versorgung von Verletzungen geht es oftmals um die Bekämpfung der Unterernährung, vor allem bei jüngeren Kindern.

Für Kinder sind in der Regel Schulen eingerichtet. Hier werden ältere Kinder und Jugendliche, die durch die Kriegswirren und die Flucht längere Zeit keine Schule besuchen konnten, neben jüngeren Kindern in einer Klasse unterrichtet. Ein festes Schulgebäude gibt es allerdings nur selten.

Bildung bietet den Flüchtlingskindern zumindest eine kleine Chance, ihre Lebensbedingungen in Zukunft zu verbessern. Denn es gibt praktisch keine Arbeit, die Menschen sind von Essenszuteilungen abhängig und die provisorischen Unterkünfte bieten nur wenig Schutz vor der Witterung. So mussten in Inguschetien im Kaukasus tschetschenische Flüchtlinge den kalten Winter in Zeltstädten verbringen.

Sportangebote vertreiben ein wenig die Eintönigkeit des Alltags. Doch eine gewisse Tagesstruktur bringt zumindest in das Leben der Kinder wieder etwas Halt und Ordnung.

Ein Flüchtlingslager bedeutet nicht automatisch Sicherheit für die Einwohner. Gefahren drohen von unterschiedlichen Seiten. 500 vertriebene Roma waren im Kosovo jahrelang in einem Lager auf bleiverseuchtem Gelände untergebracht und haben Berichten zufolge teilweise schwere Gesundheitsschäden davongetragen.

Die Zahl gewaltsamer Übergriffe ist hoch, besonders gefährdet sind Mädchen und Frauen. Die unsicheren, von Gewalt geprägten Lebensumstände bilden zugleich einen Nährboden für Kriminalität. Rebellengruppen gewinnen neue Mitglieder, oft Kindersoldaten, unter anderem durch Zwangsrekrutierung aus den Lagern. Während des Völkermordes in Ruanda mischten sich viele Täter unter die Flüchtlinge, um unerkannt das Land verlassen zu können. In den Lagern mussten Opfer und Täter dann nebeneinander leben. Die Gewalt gegen die Tutsi-Bevölkerung hielt auch in den Lagern an. Nach Berichten von UNHCR bedrohten die Täter rückkehrwillige Flüchtlinge und führten von den Lagern aus Angriffe auf ruandisches Staatsgebiet durch.

In Europa wird Flüchtlingen und Asylbewerbern bei der Unterbringung unterschiedlich viel Freiraum gewährt. In England erhalten Flüchtlinge auf Antrag Unterstützung in Form von angemietetem Wohnraum oder Bargeld. In Deutschland dagegen sind Unterbringung und Versorgung neu ankommender Flüchtlinge stark reglementiert. Asylbewerber werden, nachdem sie bis zu drei Monate in einer zentralen Erstaufnahmeeinrichtung verbracht haben, bestimmten Städten und Gemeinden zugewiesen und dort in Gemeinschaftsunterkünften einquartiert. Mit dieser Maßnahme sollen die Flüchtlinge gleichmäßig auf alle Bundesländer verteilt werden und für den Fall einer geplanten Abschiebung stets unter Kontrolle bleiben. Die Unterkünfte sind oft von einfacher Bauweise bis hin zur Baufälligkeit, manche liegen direkt an großen Straßen oder abgelegen am Rande von Ortschaften.

Die Asylbewerber haben eine sogenannte Residenzpflicht, das bedeutet, dass sie das Gebiet der Gemeinde, der sie zugewiesen sind, nur mit Erlaubnis der Ausländerbehörde verlassen dürfen. Einzige Ausnahme sind Termine bei Behörden oder bei Gericht. Verstoßen sie mehrfach gegen diese Anordnung, können sie nach dem Asylverfahrensgesetz mit einer Freiheitsstrafe bis zu einem Jahr bestraft werden. Wiederholte Verwandtenbesuche ohne behördliche Erlaubnis können daher zu einer Vorstrafe führen.

In den Unterkünften erhalten Familien mit zwei Kindern in

der Regel zwei Zimmer mit Gemeinschaftsküche, Gemeinschaftsduschen und -toiletten, während alleinstehende Flüchtlinge in Mehrbettzimmern untergebracht sind.

Abgelehnte Asylbewerber müssen in einigen Bundesländern mit ihren Familien in gefängnisähnlichen »Ausreisezentren« leben, damit sie für die Abschiebungsbehörde jederzeit greifbar sind. Hiervon sind zum Teil auch Familien mit Kindern betroffen. In dieser Zeit soll durch Betreuung und Beratung auf die Menschen eingewirkt werden, um sie zu einer freiwilligen Rückkehr zu bewegen. Wenn die Behörde den Verdacht hegt, dass Flüchtlinge falsche Angaben gemacht haben, um nicht abgeschoben zu werden, dann können sie wöchentlich zu ihrer Identität und ihrem Herkunftsland befragt werden. Die Asylbewerber dürfen nicht arbeiten, auch wenn sie zuvor Arbeit hatten, ihr Aufenthalt wird auf ein enges Gebiet beschränkt, es werden täglich Essenspakete ausgegeben, auch um die Anwesenheit zu kontrollieren. Vor allem für traumatisierte Flüchtlinge und für Kinder bieten diese Ausreisezentren kein geeignetes Lebensumfeld.

Im ersten Jahr ihres Aufenthalts dürfen Asylbewerber in Deutschland keine normale Arbeit annehmen. Anschließend erhalten sie nur die Stellen, für die zuvor weder ein Deutscher noch ein EU-Bürger noch ein anderer bevorrechtigter Ausländer gefunden werden konnte. Jeder Asylbewerber erhält ein monatliches Taschengeld von 40 Euro (Kinder: 20 Euro), oft genug der einzige Barbetrag, der ihnen zur Verfügung steht.

Für ihre Ernährung erhalten Asylbewerber vielfach noch vorgefertigte Lebensmittelpakete. Bei der Zusammenstellung der Gerichte werden kulturelle Ernährungsgewohnheiten zwar in gewissem Rahmen berücksichtigt, dennoch ist es sehr schwierig, mit dem Inhalt der Pakete gesund und vitaminreich zu kochen. Das Taschengeld muss daher oft für zusätzliche Lebensmittel ausgegeben werden. Manche Kommunen geben statt der Pakete Chipkarten aus, mit denen Asylbewerber für einen bestimmten Betrag in ausgewählten, manchmal jedoch vergleichsweise teuren Geschäften einkaufen können.

Die Schwierigkeiten der Unterbringung von Flüchtlingen in Deutschland zeigen sich beispielhaft am Fall »Katzhütte«: In dieser landschaftlich reizvoll gelegenen kleinen Gemeinde in Thüringen sind 35 bis 40 Einzelpersonen und mehrere Familien in einem ehemaligen Ferienheim untergebracht. Die Bewohner veröffentlichten im Februar 2008 einen Appell, um gegen die Lebensbedingungen in dem Heim zu protestieren: Die Räume, in Leichtbauweise aus Faserplatten gebaut, sind verschimmelt, das Taschengeld wird ausschließlich in Essensgutscheinen ausgestellt, die in einem teuren Supermarkt einzulösen sind. Die Bewohner erhalten kein Bargeld, sodass Besuche beim Arzt oder Anwalt teilweise unmöglich sind, weil die Betroffenen die Bahnfahrt aus dem abgelegenen Dorf nicht bezahlen können. Von 17 Uhr bis 8 Uhr wird das warme Wasser abgestellt, Seife und Toilettenpapier stehen nicht regelmäßig zur Verfügung.

Gemeinsam mit dem Flüchtlingsrat Thüringen wird durch

bundesweite Öffentlichkeitsarbeit versucht, das Heim schließen zu lassen.

Derartige Wohnbedingungen sind in Deutschland keinesfalls die Regel. Dennoch ist dies ein Beispiel dafür, wie die Isolierung der Flüchtlinge von der übrigen Bevölkerung gegenseitige Kontakte erschwert und einer unter menschenrechtlichen Gesichtspunkten bedenklichen Behandlung Vorschub leisten kann.

> **Jeder hat das Recht auf einen Lebensstandard, der seine und seiner Familie Gesundheit und Wohl gewährleistet, einschließlich Nahrung, Kleidung, Wohnung, ärztliche Versorgung und notwendige soziale Leistungen, sowie das Recht auf Sicherheit im Falle von Arbeitslosigkeit, Krankheit, Invalidität oder Verwitwung, im Alter sowie bei anderweitigem Verlust seiner Unterhaltsmittel durch unverschuldete Umstände.**
>
> **Allgemeine Erklärung der Menschenrechte, Artikel 25**

ASYL IN EUROPA

Schon 1999 hat die Europäische Union im Vertrag von Amsterdam beschlossen, das Asyl- und Flüchtlingsrecht zu vereinheitlichen. Insbesondere seit dem Vertrag von Nizza 2004 schreitet die Rechtsvereinheitlichung in der EU voran. Seither traten zahlreiche europäische Richtlinien in Kraft, die eine einheitliche Rechtslage in der Europäischen Union herbeiführen sollen.

Den Auftakt bildete die sogenannte Qualifikationsrichtlinie. Sie legte die Kriterien fest, wer als Flüchtling gilt und damit Asyl erhalten kann, und regelte außerdem die Frage, unter welchen Umständen anderweitiger Schutz gewährt wird – z. B. im Fall einer lebensbedrohlichen Krankheit, die im Heimatland nicht behandelt werden kann.

Weitere Richtlinien behandelten die sozialen Mindeststandards für Flüchtlinge während des Asylverfahrens, die Standards für die Durchführung des Asylverfahrens in den Mitgliedsstaaten und die Regelung von Abschiebungen.

Die Mitgliedsstaaten der EU müssen diese Richtlinien in nationales Recht umsetzen, doch jeder Mitgliedsstaat tut dies ein wenig anders. Dazu kommt, dass die Gerichte in den Mitgliedsstaaten die rechtlichen Bestimmungen oft unterschiedlich auslegen. Geht es z. B. vor Gericht um die Frage, ob ein Flüchtling in einem anderen Teil seines Heimatlandes Schutz finden – und damit zurückgeschickt werden – kann, so verlangen französische Gerichte vom Staat einen Nachweis dafür, dass der Flüchtling dort ein »normales« Leben führen kann. Deutschen Gerichten dagegen reicht es schon, wenn das Existenzminimum gewährleistet ist. Sie sehen keinen Hinderungsgrund für eine Abschiebung, wenn der Flüchtling in seiner Heimat keine legale Arbeit hat und seine Kinder nicht zur weiterführenden Schule gehen können. Daher wurden Asylanträge tschetschenischer Flüchtlinge von deutschen Gerichten in der Regel mit dem Hinweis auf eine sogenannte inländische Fluchtalternative in Russland abgelehnt, während in Frankreich kein einziger Asylantrag von Tschetschenen an diesem Kriterium scheiterte.

Die uneinheitliche Anerkennungspraxis in den EU-Mitgliedsstaaten überlässt den Flüchtlingsschutz manchmal dem Zufall. So wurden in Schweden 2007 bis zu 82 Prozent der irakischen Flüchtlinge anerkannt, während deren Anträge in Slowenien und Griechenland alle abgelehnt wurden.

Während die Europäische Union im Inneren den gemeinsamen »Raum der Freiheit, der Sicherheit und des Rechts«, wie im Vertrag von Rom festgeschrieben, und den Schutz der Flüchtlinge zielstrebig ausbaut, werden die Außengrenzen der EU immer undurchlässiger. Unerlaubte Einwanderung wird durch Grenzzäune und die Europäische Grenzschutzagentur Frontex konsequent und vielfach gewaltsam verhindert. Obwohl sich unter den Einwanderern viele Flüchtlinge befinden, werden die Maßnahmen generell als Schritte gegen die illegale Einwanderung bezeichnet. Der Flüchtlingsschutz gerät aus dem Blick.

So wurden nach Berichten der Flüchtlingsorganisation Pro

Asyl bei der Frontex-Operation »Poseidon«, die in der Ägäis von sechzehn EU-Staaten, darunter auch Deutschland, durchgeführt wurde und sich gegen Flüchtlingsschiffe im Mittelmeer richtete, 3405 Menschen »aufgebracht« und 422 »abgedrängt«.

Bei der Operation »Hera« im Atlantik zwischen den Kanaren und dem Senegal bzw. Mauretanien wurden – unterstützt von neun EU-Staaten – 8910 Menschen »aufgebracht« und 4686 Menschen »abgedrängt«.

Flüchtlinge berichteten im Oktober 2007, dass die griechische Küstenwache versucht, kleine Flüchtlingsboote zu blockieren und aus den griechischen Gewässern zu verdrängen. Bei den durch die Manöver verursachten Wellenbewegungen würden auch Tote in Kauf genommen. Andere Flüchtlingsschiffe werden gezielt aus griechischen in türkische Gewässer zurückgeschleppt und beschädigt, damit sie allenfalls noch die türkische Küste erreichen können. Einzelne Flüchtlinge wurden auf unbewohnten Inseln ausgesetzt.

In Italien wurden tunesische Fischer, die im August 2007 44 Menschen aus Seenot gerettet hatten, wochenlang inhaftiert und mit einem Strafverfahren wegen Beihilfe zur illegalen Einreise überzogen.

Die massive und gezielte Missachtung von Menschenrechten an den Außengrenzen der EU trifft Flüchtlinge doppelt, weil sie zusätzlich noch die – oftmals rechtswidrige – Abschiebung in den Verfolgerstaat befürchten müssen. Aber auch wer eine europäische Küste erreicht hat, ist noch längst nicht gerettet.

Zum Beispiel: Malta

Die Flüchtlinge in Malta stammen vorwiegend aus den Krisengebieten in Somalia, dem Sudan, Eritrea oder Äthiopien, sodass zumindest die Vermutung nahe liegt, dass es sich nicht allein um illegale Arbeitsmigranten handelt. Für die Dauer des Asylverfahrens werden die Flüchtlinge bis zu achtzehn Monate in Haftzentren unter menschenunwürdigen Bedingungen festgehalten. Immerhin werden dann aber bis zu fünfzig Prozent der Asylanträge positiv entschieden. Nicht oder noch nicht anerkannte Flüchtlinge werden anschließend in Zeltstädte verlegt, wo sie weder vor Hitze noch vor Kälte ausreichend geschützt sind. Bis zu 24 Personen teilen sich ein Zelt, sexuelle Übergriffe auf Frauen sind weit verbreitet.

Zum Beispiel: Griechenland

In Griechenland erhalten alle aufgegriffenen Flüchtlinge ohne vorherige Prüfung ihres Falles eine Abschiebungsandrohung in griechischer Sprache ausgehändigt, aufgrund derer sie, d.h. auch Schwangere und Kinder, vorübergehend inhaftiert werden. Die Haftbedingungen sind menschenunwürdig, die medizinische Versorgung ist mangelhaft. In der Haftanstalt Mersinidi auf der Insel Chios berichteten Flüchtlinge, dass sie nach den Strapazen der Flucht weder Seife, Handtücher und Zahnpasta zur Körperpflege noch neue Kleider erhalten hätten. In der Haftanstalt Samos City auf Samos hatte der Sanitärbereich, der von Frauen und Männern gemeinsam genutzt werden musste, keine Tür und war mit Abwässern überschwemmt. Oftmals sind Erwachsene und minderjährige unbegleitete Flüchtlinge gemeinsam untergebracht, wodurch sich die Gefahr von Übergriffen und Missbrauch erhöht.

Iranische und irakische Flüchtlinge, die versucht hatten, Griechenland auf dem Landweg über die Türkei zu erreichen, wurden in Griechenland inhaftiert und ohne die Möglichkeit, einen Asylantrag zu stellen, zwangsweise in die Türkei zurückgebracht. Dort droht ihnen die unmittelbare Abschiebung in ihr Heimatland. Diese Kettenabschiebungen widersprechen dem auch für den EU-Staat Griechenland geltenden Refoulement-Verbot (Verbot der Abschiebung):

> **Keiner der vertragschließenden Staaten wird einen Flüchtling auf irgendeine Weise über die Grenzen von Gebieten ausweisen oder zurückweisen, in denen sein Leben oder seine Freiheit wegen seiner Rasse, Religion, Staatsangehörigkeit, seiner Zugehörigkeit zu einer bestimmten sozialen Gruppe oder wegen seiner politischen Überzeugung bedroht sein würde.** **Genfer Flüchtlingskonvention, Artikel 33 (1)**

Dieses Refoulement-Verbot ist ein Kernelement des Flüchtlingsschutzes und umfasst auch die sogenannten Kettenabschiebungen. Inzwischen verbieten deutsche und andere europäische Gerichte eine Zurückschiebung von Flüchtlingen nach Griechenland, weil weder der Zugang zu einem fairen Asylverfahren garantiert noch die Umsetzung der Mindeststandards für das Asylverfahren gesichert seien.

Die EU verlagert die Verantwortung für Flüchtlinge immer stärker auf die Staaten an der EU-Außengrenze. Dieses Ungleichgewicht geht zurück auf das Dublin-II-Abkommen, das denjenigen Staat für die Durchführung eines Asylverfahrens für zuständig erklärt, den der Flüchtling zuerst betreten hat. Die Staaten an den EU-Außengrenzen haben daher sehr viel mehr Einwanderer zu verkraften als die Staaten in der Mitte Europas. Diese können Flüchtlinge, denen der Aufenthalt in einem anderen EU-Staat nachgewiesen werden kann, innerhalb einer bestimmten Frist dorthin zurückschieben. Dadurch ist in Griechenland die Zahl der Asylanträge sprunghaft angestiegen, Zehntausende von Fällen sind unbearbeitet.

Viele EU-Grenzstaaten geben ihrerseits die Verantwortung weiter – in unsichere Staaten außerhalb der EU. Dies führt zu einer doppelten Verlagerung der Verantwortung: vom Innenbereich der EU an die Außengrenzen und von dort in unsichere Staaten außerhalb der EU. Letztlich bedarf es eines gerechten Systems der Lastenverteilung innerhalb der EU-Staaten, damit das Problem nicht auf dem Rücken der Flüchtlinge gelöst wird.

ASYL IN DEUTSCHLAND

Die Zahl der Flüchtlinge in Deutschland ist in den letzten fünfzehn Jahren drastisch gesunken. Heute stellen in einem Jahr weit weniger Menschen einen Asylantrag als 1992 in einem Monat. Damals war mit 438 000 Asylanträgen (Erst- und Folgeanträge) in einem Jahr ein Höhepunkt erreicht. Mit rund 20 000 Erstanträgen pro Jahr hat Deutschland heute etwa wieder das Niveau von Anfang der Achtzigerjahre erreicht.

Um in Deutschland Asyl zu bekommen, muss ein Flüchtling zunächst persönlich einen Asylantrag beim Bundesamt für Migration und Flüchtlinge (BAMF) stellen. Jetzt ist der Flüchtling ein Asylbewerber.

Für einige Flüchtlinge ist der Weg nach Deutschland jedoch schon an der Grenze zu Ende: Wer über einen sicheren Drittstaat – und das sind alle europäischen Nachbarstaaten – kommt, kann bereits im unmittelbaren Grenzbereich zurückgewiesen werden.

Flüchtlinge, denen es gelungen ist, dennoch die Grenze zu passieren, werden einer Erstaufnahmeeinrichtung zugewiesen, wo sie registriert werden. Von allen über Vierzehnjährigen werden Fotos und Fingerabdrücke gespeichert. Diese werden mit Daten in der ganzen Europäischen Union abgeglichen, um festzustellen, ob der Flüchtling irgendwo strafrechtlich gesucht wird oder schon in einem anderen europäischen Staat Asyl beantragt hat, der dann für das Asylverfahren zuständig wäre. Hat der Flüchtling Gegenstände bei sich, die auf eine Durchreise durch einen europäischen Nachbarstaat hindeuten, z.B. Geldmünzen, Kaufbelege etc., dann wird ein sogenanntes Rückübernahmeverfahren eingeleitet. Zunächst aber erhält er eine Unterkunft und Verpflegung. Als Nachweis, dass er einen Asylantrag gestellt hat, wird eine Aufenthaltsgestattung ausgestellt, eine kleine grüne Karte mit Lichtbild und Angaben zu Name, Alter, Geburtsort und Aktenzeichen des Asylantrags. Die Aufenthaltsgestattung ersetzt den Pass nicht und bescheinigt nur, dass der Inhaber in Deutschland ein Asylverfahren betreibt. In die Gestattung wird ein Vermerk eingetragen, dass der Aufenthalt auf das Gebiet der Gemeinde beschränkt ist, der der Asylbewerber zugewiesen wurde.

Wer nach den Strapazen der Flucht erst einmal ein paar Tage bei Verwandten oder Freunden zur Ruhe kommen will, bevor er sich beim BAMF meldet, muss dies später umfangreich rechtfertigen, denn der Asylantrag muss so schnell wie möglich nach der Ankunft in Deutschland gestellt werden. Andernfalls wird vermutet, dass es dem Flüchtling nicht wichtig war, Schutz zu erhalten, er hat folglich Probleme, seine Verfolgung glaubhaft zu machen. Zudem kann gegen ihn, wenn er von der Polizei entdeckt wird, bevor er den Asylantrag stellen konnte, ein Strafverfahren wegen illegaler Einreise eingeleitet werden.

In den ersten Tagen nach der Ankunft findet die Asylanhörung vor dem Einzelentscheider des BAMF statt. Die Anhörung, das »Interview«, ist das Kernstück des Asylverfahrens. Hier hat der Flüchtling Gelegenheit zu erklären, warum er geflüchtet ist und nicht in sein Heimatland zurückkehren kann. An den Aussagen in der Anhörung wird ein Flüchtling in seinem gesamten Asylverfahren gemessen. Zunächst werden persönliche Daten wie Namen, Volkszugehörigkeit, Namen von Verwandten, früherer Wohnort, Schulbildung im Heimatland etc. erfragt. In der Regel wird anschließend ausführlich der Fluchtweg behandelt, insbesondere die Frage, ob der Flüchtling auf dem Luft- oder auf dem Landweg und durch welchen Nachbarstaat er gekommen ist. Danach soll der Asylbewerber seine Fluchtgründe und die Geschichte seiner Verfolgung schildern. Diese Schilderung soll möglichst viele Details und Zeitangaben enthalten, chronologisch und frei von Widersprüchen sein.

Die Fragen des Einzelentscheiders werden von Dolmetschern in die Muttersprache des Asylbewerbers übersetzt, manchmal auch in eine andere Sprache, die er versteht. Bei Frauen werden zunehmend Einzelentscheiderinnen und Dolmetscherinnen eingesetzt. Einige Einzelentscheider sind speziell für die Anhörung von Frauen, Minderjährigen oder traumatisierten Flüchtlingen ausgebildet. Gibt es in der Anhörung Hinweise darauf, dass der Asylbewerber in seinem Heimatland gefoltert worden ist, kann das Interview unterbrochen und einem besonders geschulten Einzelentscheider übertragen werden. Die Anhörung dauert meist etwa zwei bis drei Stunden, in schwierigen Fällen auch sehr viel länger. Die Aussagen werden protokolliert, allerdings nicht unbedingt wörtlich, sondern in Form einer ausführlichen Zusammenfassung des Gesagten durch den Einzelentscheider. Der Asylbewerber erhält eine Kopie des Protokolls.

Bei der Anhörung kommt es oft zu Problemen. Viele Flüchtlinge können die Bedeutung der Anhörung nicht richtig einschätzen und antworten zwar auf die Fragen des Einzelentscheiders, trauen sich aber nicht, die Ereignisse und möglicherweise auch weitere Fluchtgründe, die für das Verfahren wichtig wären, ausführlich und von sich aus zu schildern. Bei anderen werden die Aussagen nicht genau übersetzt. Wieder andere können aus Angst, Scham oder weil sie unter den Folgen traumatischer Erlebnisse leiden, nicht so detailliert und exakt berichten, wie dies gefordert wird. Vergewaltigte Frauen können vielfach nur gegenüber anderen Frauen über das Erlebte sprechen. Stammen sie aus einer traditionell geprägten Kultur, müssen sie fürchten, aufgrund der Vergewaltigung selber wegen Verletzung der Familienehre verstoßen, möglicherweise sogar getötet zu werden. So ziehen es manche Frauen vor zu schweigen. Viele Flüchtlinge sind es aus ihrer Kultur auch nicht gewohnt, Ereignisse chronologisch und mit genauen Zeitangaben wiederzugeben. Sie alle laufen Gefahr, im Asylverfahren als unglaubwürdig angesehen zu werden.

Nach der Anhörung muss der Asylbewerber warten, bis das BAMF über seinen Fall entschieden hat. Herrschen in einem Land unklare Machtverhältnisse und ist die weitere Entwicklung ungewiss, wartet das BAMF manchmal mit der Entscheidung, bis sich klarere Strukturen abzeichnen. Dann kann das Verfahren mehrere Monate offen bleiben. Diese Zeit höchster Ungewissheit ist für die Asylbewerber sehr belastend. Wird das Bundesamt die Fluchtgründe anerkennen? Wird es den Asylantrag ablehnen? Was kommt dann?

In dieser Zeit – bis zu drei Monate nach der Aufnahme in die Erstaufnahmeeinrichtung – wird der Asylbewerber einem Ort oder Landkreis zugewiesen, in dem er fortan wohnen muss und den er ohne Genehmigung nicht verlassen darf.

Asyl – ja oder nein?

Hält der Einzelentscheider die Geschichte des Asylbewerbers für glaubwürdig, stimmen die Angaben mit Länderinformationen des Auswärtigen Amtes und anderen Informationsquellen überein und ist der Flüchtling bei einer Rückkehr immer noch gefährdet, dann entscheidet das BAMF zugunsten eines Bleiberechts.

- Anerkennung als Asylberechtigter im Sinne des Grundgesetzes: »Politisch Verfolgte erhalten Asylrecht.« Asylberechtigte erhalten eine Aufenthaltserlaubnis für bis zu drei Jahre und einen Flüchtlingspass. Unmittelbare Angehörige erhalten Familienasyl. Voraussetzung ist, dass der Flüchtling bei einer Rückkehr in die Heimat aus politischen Gründen staatliche Verfolgung mit Gefahren für Leib und Leben oder eine Beeinträchtigung seiner persönlichen Freiheit zu erwarten hat. Kein Asyl erhält jedoch, wer einen sicheren Drittstaat durchquert hat, um nach Deutschland zu gelangen – dies sind derzeit alle Staaten der Europäischen Union. Ein Asylantrag wird daher nur noch anerkannt, wenn der Flüchtling Deutschland per Schiff oder Flugzeug erreicht hat und auch selbst nicht aus einem sicheren Herkunftsstaat stammt. Von diesen

Staaten wird vermutet, dass dort keine Verfolgung stattfindet. Der Flüchtling kann jedoch darlegen, dass er dennoch verfolgt wurde, und die Vermutung auf diese Weise widerlegen. Zu den sicheren Herkunftsstaaten zählen derzeit u.a. auch Ghana und der Senegal.

- Anerkennung als Flüchtling im Sinne der Genfer Konvention: Einen gleichwertigen Schutz wie das Asylrecht bietet der Abschiebungsschutz nach dem Aufenthaltsgesetz. Die Vorschrift setzt die Genfer Flüchtlingskonvention in deutsches Recht um. Nach dem Refoulement-Verbot darf ein Flüchtling nicht in einen Staat abgeschoben werden, in dem sein Leben oder seine Freiheit bedroht sind. Allerdings muss sich diese Bedrohung auf bestimmte Merkmale beziehen, und zwar die ethnische Zugehörigkeit, die Religion, die Staatsangehörigkeit, die Zugehörigkeit zu einer bestimmten sozialen Gruppe oder die politische Überzeugung. Die Verfolgung muss sich gezielt gegen eine bestimmte Person oder eine bestimmte Gruppe von Menschen richten. Allgemeine Gefahren – vor allem Kriege – betreffen oft die Bevölkerung eines Landes insgesamt, sodass kein individueller Abschiebungsschutz gewährt wird. In solchen Fällen stehen andere rechtliche Möglichkeiten zur Verfügung, z.B. die Gewährung vorübergehenden Schutzes.

Als weitere Voraussetzung muss die Bedrohung schwerwiegend sein. Wer als regierungskritischer Journalist einmal auf die Polizeiwache bestellt und dort als Regierungsfeind beschimpft wurde, wird allein deswegen keinen Flüchtlingsschutz erhalten, auch wenn er selbst die Situation als bedrohlich empfunden hat.

Die Bedrohung muss dabei nicht unbedingt von staatlichen Kräften ausgehen, sodass auch Menschen Schutz finden können, die vor einem Bürgerkrieg geflohen sind, in dem sich einzelne Gruppen bekämpfen, es aber keine zentrale Staatsgewalt mehr gibt.

Die Vorschrift schützt auch Frauen und Mädchen, die vor häuslicher Gewalt oder Zwangsverheiratung durch ihre Familie fliehen. So werden in einigen Ländern wie z.B. Afghanistan Mädchen und Frauen, die sich in solchen Fällen an die Polizei wenden, selbst als Straftäterinnen inhaftiert; nach ihrer Freilassung müssen sie, Berichten von Amnesty International zufolge, damit rechnen, von Ehemann, Vater oder Brüdern ermordet zu werden. Allerdings wird Abschiebungsschutz in solchen Fällen nur gewährt, wenn der Flüchtling keine Möglichkeit hat, anderen Schutz zu finden, z.B. indem er in einen anderen Landesteil zieht (»inländische Fluchtalternative«) oder sich an internationale Organisationen wendet, die z.B. zur Friedenssicherung in dem betreffenden Land eingesetzt sind.

Schließlich darf zwischen dem Ereignis, das Anlass für die Flucht ist, und der Flucht selbst nicht allzu viel Zeit verstrichen sein. Ansonsten geht man davon aus, dass der Flüchtling in der Zwischenzeit eine andere Lösung für sich gefunden hat und keines weiteren Schutzes mehr bedarf.

Eine Anerkennung ist ausgeschlossen, wenn der sogenannte Terrorismusvorbehalt zum Tragen kommt, wenn also der Flüchtling als Gefahr für die Sicherheit Deutschlands anzusehen, selbst ein Kriegsverbrecher oder erheblich vorbestraft ist. Der Asylbewerber kann jedoch möglicherweise Abschiebungsschutz nach der europäischen Menschenrechtskonvention und in der Folge eine Duldung erhalten.

- Feststellung eines Abschiebungshindernisses: Auch wenn die Voraussetzungen des Asylrechts nach dem Grundgesetz oder des Abschiebungsschutzes nach der Genfer Flüchtlingskonvention nicht erfüllt sind, kann ein Flüchtling in bestimmten Fällen dennoch Abschiebungsschutz erhalten. In diesen Fällen »soll« eine Aufenthaltserlaubnis erteilt werden. Der Nachzug der Familienangehörigen wird jedoch nur erlaubt, wenn völkerrechtliche oder humanitäre Gründe oder auch politische Interessen Deutschlands dies erfordern.

Schutz wird gewährt bei drohender Folter, Todesstrafe, unmenschlicher oder erniedrigender Behandlung oder Strafe oder erheblicher Gefahr für Leib, Leben oder Freiheit. Wer an einer lebensbedrohlichen Krankheit leidet, kann hiernach Abschiebungsschutz erhalten. So können traumatisierte Flüchtlinge aus der Türkei ebenso von der Abschiebung verschont bleiben wie aidskranke Flüchtlinge aus Nigeria, wenn sie in ihrem Heimatland nicht angemessen behandelt werden können.

Dennoch: Etwa drei Viertel aller Asylanträge werden abgelehnt. Ein Viertel aller Asylanträge wird aus formalen Gründen negativ entschieden. Zum Beispiel, weil ein anderer Mitgliedstaat der EU zuständig ist, weil der Asylbewerber seinen Antrag zurückzieht oder weil ein Folgeantrag erneut abgelehnt wird.

Rund die Hälfte aller Asylanträge bleibt aus inhaltlichen Gründen ohne Erfolg. Die meisten davon werden als »unbegründet« abgelehnt, z.B. weil der Einzelentscheider des Bundesamtes den Angaben des Flüchtlings nicht glaubt oder weil er der Meinung ist, dass dem Flüchtling bei einer Rückkehr in sein Herkunftsland keine Gefahr droht. Bei einem geringeren Teil der Fälle erfolgt die Ablehnung als »offensichtlich unbegründet«, etwa wenn »nach den Umständen des Einzelfalls offensichtlich ist, dass der Ausländer nur aus wirtschaftlichen Gründen oder um einer allgemeinen Notsituation oder einer kriegerischen Auseinandersetzung zu entgehen, sich im Bundesgebiet aufhält«.

Von 2002 bis 2006 erhielten jeweils maximal sechs Prozent der Asylantragsteller Asyl oder Abschiebungsschutz. Ende 2007 führte die große Zahl von Flüchtlingen aus dem Irak, deren Asylanträge meistens erfolgreich waren, zu einer Schutzquote von rund 27 Prozent, der höchsten seit zehn Jahren.

Abgelehnt – und dann?

Die Bescheide des BAMF werden von Flüchtlingsorganisationen immer wieder scharf kritisiert. So ließ Pro Asyl 77 Bescheide eritreischer Asylbewerber aus dem Jahr 2006 überprüfen und bemängelt u.a., dass darin sehr häufig vorgefertigte Textbausteine verwendet werden. Auch komme es häufig vor, dass der Entscheider, der den Bescheid verfasst, nicht selbst die Anhörung durchgeführt, also keinen persönlichen Eindruck von dem Asylbewerber hat. Hinweisen auf am Körper sichtbare Folterspuren werde nicht durch Einholung eines medizinischen Gutachtens nachgegangen.

Wird ein Asylantrag abgelehnt, kann der Flüchtling gegen die Ablehnung beim Verwaltungsgericht klagen. Er hat allerdings nur zwei Wochen Zeit, um Klage zu erheben, beim Dublin-Verfahren und bei einer Ablehnung als »offensichtlich unbegründet« sogar nur eine Woche. In den letztgenannten Fällen hat die Klage auch keine aufschiebende Wirkung, d.h. er muss zusätzlich noch einen Eilantrag stellen, in dem nach Aktenlage entschieden wird, ob der Flüchtling bis zur Entscheidung über seine Klage in Deutschland bleiben darf. Gelingt es ihm, die Frist einzuhalten, dann prüft das Verwaltungsgericht den Fall noch einmal vollständig und hört den Flüchtling in der mündlichen Verhandlung noch einmal an. Das Verfahren beim Verwaltungsgericht bietet dem Flüchtling also im Falle einer Ablehnung eine zweite Chance. Allerdings prüft das Gericht sehr genau, ob sich der Flüchtling gegenüber seinen früheren Aussagen in Widersprüche verwickelt. Manche Flüchtlinge wollten oder konnten in der ersten Anhörung beim BAMF nicht alles sagen. Wenn sie nun vor dem Verwaltungsgericht ihre Angaben ergänzen oder korrigieren, besteht die Gefahr, dass dies nicht zur Kenntnis genommen wird oder sogar als weitere Begründung für ihre Unglaubwürdigkeit dient.

Den Verwaltungsgerichten kommt dennoch eine wichtige Aufgabe als Kontrollinstanz zu. Je nach Herkunftsland wird gegen bis zu sechzig Prozent der Asylentscheidungen des BAMF Klage erhoben. Manchmal führt dies dazu, dass die Ablehnung des Bundesamtes aufgehoben und den Flüchtlingen vom Gericht doch noch ein Bleiberecht zugesprochen wird. Viele, die erneut abgelehnt werden, können noch beantragen, dass das nächsthöhere Gericht die Berufung zulässt. Doch dieser Antrag hat nur in den seltensten Fällen Erfolg. Meist bleibt es bei der Ablehnung.

Zwar wurden die Asylverfahren in den letzten Jahren deutlich verkürzt, dennoch dauert ein durchschnittliches Verfahren heute immer noch zwischen sechs und 24 Monaten.

Im Verfahren vor dem Bundesamt für Migration und Flüchtlinge lassen sich manche Asylbewerber von Hilfsorganisationen beraten. Eher selten beauftragen sie schon zu diesem Zeitpunkt einen Rechtsanwalt. Sie haben die Hoffnung, dass das Bundesamt ihre Fluchtgründe anerkennt und ein Bleiberecht gewährt. Erst wenn ein ablehnender Bescheid kommt, gehen sie zum Anwalt. Der Anwalt legt für den Flüchtling fristgerecht Klage beim Verwaltungsgericht ein, stellt nötigenfalls einen Eilantrag und schreibt eine ausführliche Klagebegründung an das Gericht. Je nach Lage des Falles geht er dabei stärker auf Rechtsfragen ein oder ergänzt die Angaben des Asylbewerbers in der Anhörung bzw. klärt vermeintliche Widersprüche auf. Anschließend vertritt er den Asylbewerber in seiner Gerichtsverhandlung. Die Anwaltskosten bezahlen die Flüchtlinge in der Regel in monatlichen Raten.

Wenn neue Umstände vorliegen, können abgelehnte Asylbewerber einen Asylfolgeantrag stellen. So kann z.B. ein neuer Zeuge einen Teil der Angaben des Flüchtlings aus eigener Anschauung bestätigen, neue Urkunden, etwa ein Urteil gegen den Flüchtling aus seinem Heimatland, können das BAMF doch noch davon überzeugen, dass die Fluchtgeschichte wahr ist. Die Verhältnisse im Heimatland des Flüchtlings können sich durch einen Staatsstreich oder einen Krieg derart verschlechtert haben, dass der Flüchtling bei einer Rückkehr aufgrund dessen gefährdet wäre.

Viele Flüchtlinge sind politisch engagiert und setzen auch im Exil ihre politische Arbeit fort, indem sie die Öffentlichkeit auf Missstände in ihrem Heimatland aufmerksam machen. Dies kann zu einer zusätzlichen Gefährdung führen, da die Geheimdienste der Herkunftsländer zum Teil auch im Exilland aktiv sind. So überwacht der eritreische Geheimdienst die Exileritreer derart intensiv, dass selbst einfache Vereinsmitglieder bei einer Rückkehr nach Eritrea mit Verhaftung und Verhören zu rechnen haben. Doch trotz der damit manchmal verbundenen Gefährdung führen politische Aktivitäten im Exil nur ausnahmsweise zu einer Anerkennung des Asylantrags. Sie können jedoch sonstigen Abschiebungsschutz wegen drohender Folter oder Gefahr für Leib und Leben begründen.

Wird der Asylfolgeantrag abgelehnt, so gilt auch hier meist die kurze Klagefrist von einer Woche. Erneut muss ein Eilantrag gestellt werden, um den weiteren Aufenthalt in Deutschland zu sichern, solange das Gericht den Asylfolgeantrag prüft. Wird der Asylfolgeantrag angenommen, kann ein Flüchtling genau wie bei einem Asylerstantrag ein Bleiberecht erhalten. 2007 wurden beim BAMF 19 164 Erstanträge und 11 139 Folgeanträge gestellt.

Eine Besonderheit ist das Flughafenverfahren. Hier werden Asylbewerber, die auf dem Luftweg versuchen, nach Deutschland zu gelangen, und keinen gültigen Pass besitzen oder aus einem sicheren Herkunftsstaat kommen, bereits vor der Einreise nach Deutschland im Transitbereich des Flughafens festgehalten, damit schon dort über ihren Asylantrag entschieden werden kann. Die Flüchtlinge sind auf dem Flughafengelände fast wie in einem Gefängnis untergebracht und haben nur wenige Möglichkeiten, Kontakt nach außen, zu Rechtsanwälten oder Asylberatern aufzunehmen. Zudem sind die Fristen, um gegen die Entscheidung des BAMF zu klagen und einen Eilantrag zu stellen, mit teilweise nur drei Tagen extrem kurz.

2007 haben nur noch rund 500 Asylbewerber das Flughafenverfahren durchlaufen. Den meisten von ihnen wurde gestattet, das Verfahren in Deutschland fortzuführen. Von den 167 anderen, deren Asylantrag abgelehnt worden war, erlaubte das Verwaltungsgericht noch einmal fünf Personen die Einreise.

Leben auf Widerruf

Wer als Flüchtling anerkannt wurde oder sonstigen Abschiebungsschutz erhalten hat, darf in Deutschland bleiben. Nach drei Jahren wird automatisch geprüft, ob die Erlaubnis widerrufen wird. Diese Prüfung verunsichert und ängstigt viele Flüchtlinge sehr. Sie erfolgt auf der Grundlage von Herkunftsberichten aus den Heimatländern und der dortigen Situation. Wird keine grundlegende und dauerhafte Änderung der Verhältnisse festgestellt, erhalten die anerkannten Flüchtlinge nun die Erlaubnis, sich in Deutschland niederzulassen, und können später auch die deutsche Staatsbürgerschaft beantragen.

Zusätzlich muss jeder Flüchtling damit rechnen, dass sein Bleiberecht widerrufen werden kann, wenn er keinen Schutz mehr braucht, wenn sich z.B. die Verhältnisse in seinem Heimatland beruhigt haben und er bei einer Rückkehr nicht mehr mit Verfolgung rechnen muss. Unter dieser Voraussetzung wurden in den letzten Jahren zahlreiche Anerkennungen von Flüchtlingen aus der Türkei, dem Irak und dem ehemaligen Jugoslawien – vor allem dem Kosovo – widerrufen. Unter den Betroffenen waren auch zahlreiche traumatisierte Flüchtlinge und Folteropfer. Bei ihnen kann der Widerruf dazu führen, dass die Symptome ihres Traumas wieder aufleben und ihr Gesundheitszustand sich stark verschlechtert. Gegen den Widerrufsbescheid des BAMF kann sich der Flüchtling wiederum mit einer Klage wehren.

Abgeschoben

Für die Mehrzahl der Flüchtlinge endet das Asylverfahren jedoch mit einer Ablehnung ihres Antrags. Sie erhalten zunächst eine Duldung. Grundsätzlich sollen sie Deutschland dann freiwillig verlassen. Für diesen Fall steht auch eine kleine finanzielle Starthilfe durch internationale Programme der International Organisation for Migration (IOM) bereit.

Wer nicht freiwillig geht, muss mit seiner zwangsweisen Abschiebung rechnen. Besteht der begründete Verdacht, dass der Flüchtling nach der Ablehnung seines Asylantrags untertauchen wird, kann er bis zu achtzehn Monate in Abschiebehaft genommen werden.

Die Regelungen zur Abschiebehaft gelten auch für minderjährige Flüchtlinge. Werden Familien abgeschoben, betrifft dies häufig auch kleine Kinder.

Bei Abschiebungen kommt es immer wieder zu Verzweiflungstaten. Zwischen 1993 und 2005 starben in Deutschland 131 Menschen angesichts ihrer drohenden Abschiebung durch Selbstmord oder bei dem Versuch, vor der Abschiebung zu fliehen. 49 Todesfälle ereigneten sich in der Abschiebehaft.

Auch während der Abschiebung selbst kommt es immer wieder zu Todesfällen oder Verletzungen. Eine ärztliche Begleitung während des Fluges soll bei der Abschiebung kranker Menschen, die trotz allem als reisefähig angesehen wurden, das gesundheitliche Risiko reduzieren.

Nicht selten leben jedoch abgelehnte Asylbewerber noch längere Zeit, manchmal viele Jahre, in Deutschland als »Geduldete«, weil sie nicht abgeschoben werden können. Die Organisation der Abschiebung durch die Behörde braucht Zeit. Manche Flüchtlinge haben keinen Pass und die Beschaffung von Rückreisepapieren zieht sich hin, andere will der Herkunftsstaat nicht wieder einreisen lassen, wieder andere sind krank, Kinder werden kurz vor der geplanten Abschiebung geboren, sodass tatsächliche oder rechtliche Abschiebungshindernisse bestehen, die vorübergehend den

Aufenthalt in Deutschland verlängern. In einigen Fällen gibt es Erlasse für bestimmte Herkunftsländer oder einzelne Bevölkerungsgruppen, die eine Abschiebung vorübergehend verbieten.

Die Geduldeten leben in einer äußerst belastenden Ungewissheit, denn schon morgen kann es mit dem Aufenthalt vorbei sein, etwa wenn die Pässe vorliegen und die Behörde tatsächlich den Rückflug gebucht hat. Sind die Betroffenen trotz Aufforderung nicht freiwillig ausgereist, kann es passieren, dass eines frühen Morgens plötzlich die Polizei vor ihrer Tür steht, um sie zur Abschiebung abzuholen.

In größeren Abständen gibt es für diesen Personenkreis sogenannte Altfallregelungen. Davon profitieren jedoch meist nur diejenigen, die Arbeit haben und keine Sozialleistungen beziehen. Für Alte, Kranke oder alleinstehende Frauen mit Kindern, die auf Sozialhilfe angewiesen sind, ist dieser Weg praktisch versperrt. Die Bundesländer haben zwar Härtefallkommissionen eingerichtet, die in besonders drastischen Fällen trotzdem ein Bleiberecht aussprechen können, doch ist es auch dort ein Kriterium, wie viel Sozialhilfe in den zurückliegenden Jahren bezogen wurde und wie die Perspektiven für die Zukunft sind.

Als weiterer Weg bleibt manchmal noch eine Petition an den Bundestag oder den Landtag. Ohne engagierte Unterstützung von Bürgern und Flüchtlingsgruppen haben derartige Eingaben aber nur selten Erfolg.

TRAUMA UND ENTWURZELUNG

Eine Flucht ist immer ein einschneidendes, erschütterndes Ereignis. Oft stoßen Flüchtlinge, am Ziel ihrer Flucht angekommen, auf Misstrauen und Ablehnung. In Deutschland sehen sich Asylbewerber nicht nur einer anderen Umgebung, fremdem Essen und ungewohntem Wetter gegenüber, sondern auch zahllosen Vorschriften, von denen viele in erster Linie von Asylmissbrauch abschrecken sollen. Die Unterbringung in Gemeinschaftsunterkünften, das Verbot zu arbeiten, die minimalen Sozialleistungen, die dreißig Prozent unter dem normalen Sozialhilfesatz liegen und teilweise nur als Sachleistungen wie Lebensmittelpakete gewährt werden, sowie die Eingrenzung der Bewegungsfreiheit auf das Gebiet einer Gemeinde schränken das tägliche Leben der Menschen erheblich ein. Zudem haben sie es mit einer verwirrenden Vielzahl von Stellen zu tun: mit der Ausländerbehörde, dem Bundesamt für Migration und Flüchtlinge, dem Verwaltungsgericht, dem Regierungspräsidium, der Bezirksstelle für Asyl, dem Sozialdienst für Asylbewerber, einem Rechtsanwalt, ehrenamtlichen Asylbetreuern, dem Sozialamt, dem Arbeitsamt, dem Gesundheitsamt. Name, Alter und Nationalität werden abgefragt – aber die Bildung, der Beruf, die individuellen Fähigkeiten und Stärken sind asylrechtlich praktisch ohne Bedeutung. Fast alle Flüchtlinge leiden sehr unter diesen Einschränkungen. Hinzu kommt oft noch die Sorge um Angehörige, die in der Heimat geblieben sind.

Besondere Schwierigkeiten im Asylverfahren haben Überlebende von Folter und Vergewaltigungen. Internationale wissenschaftliche Untersuchungen gehen davon aus, dass zwanzig bis siebzig Prozent der Flüchtlinge, die vor kriegerischen Auseinandersetzungen geflohen sind, an psychischen Störungen durch das erlittene Trauma leiden. Viele der Betroffenen erkranken an einer Posttraumatischen Belastungsstörung (PTBS). Dies ist eine anerkannte seelische Erkrankung aufgrund einer außergewöhnlich belastenden Situation oder Bedrohung, die bei fast jedem Menschen tiefe Verzweiflung hervorrufen würde. Menschen, die an einer PTBS leiden, sind oft plötzlichen Erinnerungsattacken ausgesetzt, die so weit gehen können, dass der Körper das Ereignis noch einmal genauso durchlebt, wie es sich in der ursprünglichen Situation zugetragen hat. Um dem zu entgehen, vermeiden die Betroffenen alles, was eine solche Erinnerungsattacke hervorrufen könnte, und ziehen sich oft fast vollständig vom sozialen Leben zurück. Gleichzeitig sind sie angespannt und wachsam – gewissermaßen ständig fluchtbereit –, was zu Schlaf- und Konzentrationsstörungen führt. Angst und Depressionen bis hin zu Selbstmordgedanken sind häufige Begleiterscheinungen, ebenso Schmerzen ohne körperliche Ursache.

Gehirnforscher haben herausgefunden, dass die extreme Angst, die Menschen während der Folter durchleben, sich auf das Sprachzentrum im Gehirn auswirken kann, sodass bestimmte Erlebnisse später nicht mehr in Worte gefasst werden können. Hinzu kommen, vor allem nach sexueller Gewalt, Angst und Scham, über das Erlittene zu sprechen.

Im Asylverfahren stehen Traumatisierte daher vor großen Schwierigkeiten. Wer nicht sagen kann, was er erlebt hat, und deshalb in der Anhörung schweigt, riskiert, dass sein Asylantrag abgelehnt wird. Das BAMF hat inzwischen speziell für die Anhörung von Folteropfern und Frauen geschulte Einzelentscheider/innen. Dennoch schaffen es viele traumatisierte Flüchtlinge, besonders Frauen, bis zum letzten Moment nicht, ihre Angst zu überwinden. Ihre Traumatisierung wird im Asylverfahren oft nicht in vollem Ausmaß erkannt, sie werden für unglaubwürdig gehalten oder es wird angenommen, dass ihre Krankheit im Heimatland behandelbar sei. So leben sie als abgelehnte Asylbewerber mit einer Duldung, die alle ein bis drei Monate überprüft wird, und in der ständigen Ungewissheit, ob und wann sie in das Land abgeschoben werden, in dem sich das schreckliche Ereignis zugetragen hat. Erst wenn der Druck nicht mehr auszuhalten ist und die Abschiebung unmittelbar bevorsteht, vertrauen einige jemandem an, was wirklich geschehen ist. Bei anderen verschlimmert sich die Krankheit im Laufe der Zeit durch den schweren seelischen Druck dermaßen, dass sie einen Selbstmordversuch unternehmen oder in einer psychiatrischen Klinik behandelt werden müssen.

In dieser Situation kann meist nur noch beantragt werden, die Krankheit als Abschiebungshindernis im Sinne des Aufenthaltsgesetzes zu werten. Hierfür sind ausführliche ärztliche Stellungnahmen und Gutachten erforderlich. Meist muss bis zum Verwaltungsgericht gestritten werden, um die Abschiebung zu verhindern. Dabei kann sich der Gesundheitszustand des Patienten nur bessern, wenn dieser einen gesicherten Aufenthaltsstatus, Zugang zu psychotherapeutischer Behandlung und Unterstützung bei der sozialen Integration bekommt und wieder Zukunftsperspektiven aufbauen kann. In einigen Städten Deutschlands bieten Zentren, die auf die Behandlung überlebender Folteropfer und traumatisierter Flüchtlinge spezialisiert sind, Therapien und Sozialbetreuung an.

Flüchtlingskinder sind oft die stillen Leidtragenden solcher Entwicklungen. Einige sind selbst verfolgt worden, andere mussten miterleben, wie ihre Eltern oder älteren Geschwister, die ihnen eigentlich Schutz bieten sollten, ihrerseits Misshandlungen und Verhaftung ertragen mussten. Aber auch ohne unmittelbare eigene Erfahrungen, so hat die Forschung mit Überlebenden des Holocaust gezeigt, können sich Traumafolgen auf die Kinder und sogar noch die Enkel der Opfer übertragen. Viele Kinder brauchen eine besondere Betreuung, um die Erlebnisse verarbeiten und ein »normales« Kinderleben leben zu können.

WER SCHÜTZT FLÜCHTLINGE?

Flüchtlinge sind auf die Hilfe anderer angewiesen, sei es durch Bereitstellung von Nahrungsmitteln und Obdach, sei es durch Unterstützung beim Verlassen des Heimatlandes und Aufnahme in einem anderen Staat. Viele Organisationen setzen sich auf unterschiedliche Weise für Flüchtlinge ein.

Zum Beispiel: UNHCR

1920 wurde der norwegische Zoologe, Polarforscher und Staatsmann Fridtjof Nansen zum Hohen Kommissar des Völkerbundes für Flüchtlingsfragen berufen. Das Flüchtlingshochkommissariat des Völkerbundes war die Vorgängerorganisation von UNHCR. In den neun Jahren seiner Amtszeit entwickelte Nansen mit der Versorgung und der Unterstützung von Rückkehr, Neuansiedlung und Integration die modernen Instrumente der Flüchtlingshilfe. Der von ihm geschaffene *Nansen-Pass* ermöglichte damals die Um- und Neuansiedlung Hunderttausender staatenloser Flüchtlinge.

Heute ist das Flüchtlingshochkommissariat (engl.: United Nations High Commissioner for Refugees = UNHCR) eine Behörde der Vereinten Nationen mit Hauptsitz in Genf. Weltweit sind 6000 Mitarbeiter von UNHCR in hundert Ländern tätig, darunter auch elf in der Regionalvertretung für Deutschland, Österreich und die Tschechische Republik in Berlin sowie drei weitere beim BAMF in Nürnberg.

UNHCR soll Flüchtlingen und Vertriebenen auf der ganzen Welt Schutz und Unterstützung gewähren. Auf der Grundlage der Genfer Flüchtlingskonvention von 1951 hilft UNHCR Flüchtlingen, Asyl in einem anderen Land zu erhalten. UNHCR arbeitet zugleich an dauerhaften Lösungen, z. B. mit Rückkehrerprogrammen oder Neuansiedlungen in anderen Ländern. Hinzu kommen große humanitäre Hilfsprogramme für Flüchtlinge, Binnenvertriebene und Rückkehrer, so zum Beispiel die Einrichtung von zwölf Flüchtlingslagern im Tschad und in Darfur (Sudan) mit Zugang zu frischem Wasser und Gesundheitsbetreuung 2007, die Versorgung von Erdbebenopfern in Pakistan mit Hilfsgütern 2005 oder die Registrierung von 100 000 Binnenvertriebenen in Kolumbien 2007.

Zum Beispiel: Amnesty International

Die Menschenrechtsorganisation Amnesty International begann ihre Arbeit 1961 in England als Hilfsorganisation für politische Gefangene. Heute hat Amnesty weltweit 2,2 Millionen Mitglieder und Unterstützer. Amnesty fordert die Einhaltung der in der Allgemeinen Erklärung der Menschenrechte niedergelegten Rechte.

In der Flüchtlingsarbeit wird Amnesty International vorbeugend gegen Menschenrechtsverletzungen tätig. Die Organisation setzt sich gegen die Abschiebung von Menschen ein, denen im Fall ihrer Abschiebung konkret diejenigen Menschenrechtsverletzungen drohen, die Amnesty International aktiv bekämpft, wie z.B. Inhaftierung als gewaltlose politische Gefangene, Folter, Todesstrafe, »Verschwindenlassen« oder staatlicher Mord.

Mit Gutachten für Asylverfahren bei den Verwaltungsgerichten und mit rechtspolitischen Stellungnahmen, z.B. zu Gesetzesänderungen beim Rechtsschutz politisch Verfolgter oder zu Fragen des Zugangs zu einem fairen und umfassenden Asylverfahren, stellt Amnesty International wichtige Länder- und Rechtsinformationen zur Verfügung. In den 44 Amnesty-Bezirken in Deutschland bieten Asylgruppen Einzelfallberatung für Flüchtlinge und Asylbewerber an.

Zum Beispiel: Pro Asyl

In Deutschland unterstützt Pro Asyl Asylbewerber und Flüchtlinge. Im Asylverfahren leistet die Organisation konkrete Einzelfallhilfe, z.B. durch Beratung und Begleitung von Asylverfahren. Mit Kampagnen, Pressearbeit zum alljährlichen Tag des Flüchtlings und Veröffentlichungen macht Pro Asyl auf die Situation von Flüchtlingen aufmerksam. Die Organisation kooperiert europaweit mit anderen Flüchtlingsorganisationen.

Zum Beispiel: Flüchtlingsräte und Asylgruppen

In vielen Städten und Gemeinden gibt es ehrenamtliche Flüchtlingsräte und Asylgruppen. Sie unterstützen Asylbewerber und Flüchtlinge durch persönliche Begleitung, z.B. bei Behördengängen oder bei der Arbeitssuche, zum Teil auch durch Rechtsberatung im Asylverfahren. Darüber hinaus bieten die Flüchtlingsräte Informationen und Fortbildungen zur Flüchtlingsarbeit an und engagieren sich auf politischer Ebene, um die Lebensbedingungen für Flüchtlinge zu verbessern.

WAS TUN?

Jeder von uns kann täglich im Fernsehen, im Radio und in der Zeitung das Elend von Flüchtlingen miterleben. Auch im Internet findet man auf sehr vielen Websites aktuelle Berichte und Fotoreportagen.

Angesichts dessen empfinden viele Menschen eine große Hilflosigkeit – was können sie als Einzelne schon ausrichten? Wie können sie überhaupt etwas tun? Manchmal schlägt dann die Hilflosigkeit in Ablehnung um: »Das ist ja alles so weit weg. Was geht mich das an?«

Erst wenn man persönlich einen Menschen kennenlernt, der selbst Flüchtling ist, beginnt das Schicksal der Flüchtlinge wieder ein Gesicht zu bekommen, wird das Leid persönlich und ganz konkret fassbar.

Dann zeigt sich auch, wie man hier vor Ort und im Kleinen doch einen Beitrag leisten kann, um Flüchtlingen zu helfen. Das kann schon mit einem freundlichen Wort beginnen, das das Gefühl vermittelt, willkommen zu sein.

Die aktive Mitarbeit in einer Flüchtlingshilfsorganisation oder deren finanzielle Unterstützung sind weitere Schritte.

Und wer direkt an seinem Wohnort etwas für Flüchtlinge tun möchte, kann sich an den nächsten Flüchtlingsrat wenden oder in einer lokalen Amnesty-Gruppe mitarbeiten. Adressen und Kontakte findet man auf der Website www.amnesty.de

Wer näher mit Flüchtlingen zu tun hat, wird bald eine große

Hochachtung vor Menschen empfinden, die mit viel Mut und Hartnäckigkeit und trotz teilweise widrigster Lebensbedingungen und eines Bergs von Schwierigkeiten nach dem streben, was die meisten Menschen suchen: Frieden und ein kleines bisschen Glück.

Es ist besser, eine Kerze anzuzünden, als die Dunkelheit zu beklagen.

WEITERE INFORMATIONEN

Wer sich genauer über die Situation von Flüchtlingen, das Asylrecht und Möglichkeiten zur Mitarbeit in der Flüchtlingshilfe informieren will, findet eine Menge Hinweise und Hintergrundwissen auf den folgenden Seiten im Internet:

Bundesamt für Migration und Flüchtlinge:
www.bamf.de

Amnesty International:
www.amnesty.de (Deutschland)
www.amnesty.at (Österreich)
www.amnesty.ch (Schweiz)

Pro Asyl: www.proasyl.net

Informationsverbund Asyl:
www.asyl.net (mit vielen weiterführenden Links)

Über Herkunftsländer von Flüchtlingen informiert das European Country of Origin Information Network in deutscher und englischer Sprache: www.ecoi.net

Flüchtlingshochkommissariat der Vereinten Nationen:
www.unhcr.de (Deutschland)
www.unhcr.at (Österreich)
www.unhrc.ch (Schweiz)

Kinderhilfswerk der Vereinten Nationen:
www.unicef.de (Deutschland)
www.unicef.at (Österreich)
www.unicef.ch (Schweiz)

Wichtige Hintergrundinformationen über aktuelle Entwicklungen in Herkunfts- und Zielstaaten von Flüchtlingen finden sich im Jahresbericht »Report« von Amnesty International, der jedes Frühjahr im Fischer Taschenbuch Verlag erscheint.

TEIL III

Ein kurzer Traum von Deutschland

Eine Geschichte aus dem Kosovo

Liridona war ein lebhaftes kleines Mädchen mit zwei dünnen Zöpfen und Sommersprossen im Gesicht. Sie spielte gern mit ihren Freundinnen, meistens mit dem Ball, aber oft auch mit ihrer Puppe. Nicht mehr lange, und sie durfte zur Schule gehen. Darauf freute sie sich, weil sie dann endlich auch zu den Großen gehören würde. Bis dahin half sie ihrer Mutter schon ein wenig im Haushalt oder passte zusammen mit ihrer älteren Cousine Shkurte auf ihren kleinen Bruder Agron auf, der gerade erst laufen gelernt hatte.

Die Familie besaß einige Schafe, eine Kuh und ein paar Kaninchen. Liridona liebte die Tiere sehr, vor allem die Kaninchen, mit denen sie lange Gespräche führte und denen sie die Geschichten erzählte, die sie von der Giyshja, ihrer Großmutter, gehört hatte. Die Tiere sahen sie dabei immer aufmerksam an und Liridona war überzeugt, dass sie verstehen konnten, was sie zu ihnen sagte.

Liridonas Vater war meist bei der Arbeit und nur selten zu Hause, aber das war nicht schlimm, denn sie waren eine große Familie, sodass immer jemand da war. Zusammen mit den Großeltern, den Brüdern von Liridonas Vater und deren Frauen und Kindern lebten sie auf einem Hof in einem kleinen Dorf.

Liridonas Cousins und Cousinen waren immer zur Stelle, wenn es irgendwo etwas zu entdecken gab, und sie nahmen Liridona mit.

Liridona und ihre Familie waren Albaner. Sie lebten im Kosovo, einer Region, die an Albanien grenzte. Früher hatte der Kosovo einmal zu Jugoslawien gehört und danach zu dem Nachfolgestaat unter serbischer Regierung. Zwischen dem Kosovo und der serbischen Regierung gab es über viele Jahre Streit.

Auch Liridona kannte den Anblick von serbischen Soldaten, die mit ihren Fahrzeugen durch das Dorf fuhren. Sie hatte Angst vor ihnen, denn sie waren oft laut und sahen in ihren Tarnuniformen und mit ihren Gewehren furchterregend aus. Wenn sie kamen, gingen die meisten Dorfbewohner schnell in ihre Häuser und zogen die Gardinen zu. Von Zeit zu Zeit wurde ein Haus durchsucht oder einer der Männer geschlagen und festgenommen. Doch davon bekam Liridona nicht viel mit. Sie spürte nur manchmal die beklommene Atmosphäre unter den Erwachsenen, wenn die Soldaten im Dorf waren oder wenn die Männer abends auf dem Dorfplatz über Politik redeten, während sie am Rand des Platzes mit ihrem Ball spielte.

In letzter Zeit änderte sich die Stimmung zusehends. Die Mienen der Erwachsenen wurden sorgenvoller, von Zeit zu Zeit war die Rede von »Kämpfen« und »Krieg«.

Eines Morgens, als Liridona Gras für die Kaninchen pflücken wollte, lag an der Mauer, die den Hof umgab, ein verletzter Mann.

Liridona erschrak. Sie erkannte ihren Cousin Blerim aus dem Nachbardorf. Sein Kopf war mit einer schmutzigen, durchgebluteten Binde umwickelt. Schnell lief sie ins Haus und holte ihre Mutter. Zusammen mit den Schwägerinnen trug die Mutter den jungen Mann ins Haus und versorgte seine Wunde.

»Seid vorsichtig«, warnte Blerim, als er wieder etwas zu Kräften gekommen war und die Männer im Wohnzimmer beisammensaßen. »Die UÇK steht nicht weit von hier. Sie ziehen ihre Kräfte zusammen für einen neuen Angriff. Die Gegend hier eignet sich gut dafür, es gibt viele Möglichkeiten für einen Hinterhalt. Viele Dörfer hier unterstützen uns. Ihr doch sicher auch, oder?«

Blerim schaute fragend in die Runde.

Liridonas Vater und die Onkel nickten bedächtig, die älteren Cousins schienen gleich Feuer und Flamme, denn die UÇK, die Befreiungsarmee des

Kosovo, kämpfte für die politische Unabhängigkeit.

»Dann kommen die Gefechte jetzt auch zu uns«, sagte der Vater langsam und mit ernstem Gesicht. Dann entdeckte er Liridona, die sich in der Ecke neben dem Schrank versteckt hatte und zuhörte. »Geh nach draußen, das ist nichts für Kinder«, verwies er sie des Raumes.

Liridona gehorchte. Sie ging hinaus und erzählte ihren Kaninchen, dass die Gefechte kamen.

Tagelang lastete sorgenvoller Ernst über dem Dorf. Als es Blerim besser ging, verließ er sie wieder. Liridona hatte ihn noch fragen wollen, wie das ist, wenn die Gefechte kommen, aber sie hatte sich nicht getraut. Dafür begann die Mutter jetzt, Sachen in Koffer und Rucksäcke zu packen und Essensvorräte anzulegen.

Als alles eingepackt war, sagte sie zu Liridona: »Zieh dich an und nimm den Rucksack. Willst du deine Puppe einstecken?« Sie reichte Liridona einen Anorak und ihren Rucksack mit Kleidung, Handtüchern und einem Brot darin.

Liridona holte ihre Puppe und legte sie sorgfältig obenauf, damit sie es schön bequem hatte. Sie steckte auch ihre bunte Perlenkette ein, die Shkurte ihr vor kurzem geschenkt hatte.

»Wohin gehen wir?«, fragte sie die Mutter unruhig.

»Ich weiß nicht«, antwortete die Mutter und es klang traurig, »aber es wird vielleicht eine Weile dauern, bis wir wiederkommen. Willst du dich nicht verabschieden? Die Giyshja bleibt hier.«

Liridona erschrak. Sie liebte ihre Giyshja sehr. Wie oft hatte sie mit ihr gespielt, wenn die anderen bei der Feldarbeit waren. Aber sie war schon seit Monaten krank, lag im Bett und konnte nur noch mit großer Mühe aufstehen. Liridona hatte in den letzten Wochen draußen auf der Wiese jeden Tag einen Blumenstrauß für sie gepflückt, damit sie schnell wieder gesund werden sollte. Die Giyshja hatte sich immer sehr gefreut und hatte ihr liebevoll übers Haar gestrichen.

Liridona musste ihre Tränen hinunterschlucken, als die Giyshja sie zum Abschied tröstend in den Arm nahm. Auch der Großvater blieb zurück und kümmerte sich, zusammen mit einer Frau aus dem Dorf, die auf jeden Fall in ihrem Haus bleiben wollte, um die Großmutter.

Dann ging Liridona hinaus, um sich auch noch

von den Kaninchen zu verabschieden. Als sie auf die Straße trat, wo die andern schon auf sie warteten, sah sie, dass die Familie nicht allein war: Fast das ganze Dorf machte sich auf den Weg in den Wald, auf der Flucht vor den Gefechten.

Nicht weit hinter dem Dorfrand begannen die Berge, die mit endlosen Wäldern bedeckt waren. Liridona war bisher nur am Waldrand gewesen, weiter hatte sie sich nicht vorgewagt, denn im Dorf erzählten sich die Leute, dass im Wald die Geister wohnten. Auch die Giyshja hatte oft von den Geistern gesprochen, aber vielleicht waren das auch nur Geschichten, die die Kinder davon abhalten sollten, zu tief in den Wald zu gehen.

Etwa fünfzig Menschen waren unterwegs, die meisten von ihnen waren Frauen, Kinder und alte Leute, aber auch einige Männer waren dabei. Sie halfen an steilen Wegstrecken und trugen von Zeit zu Zeit die Kinder oder die Alten, wenn sie nicht mehr weiterkonnten.

Liridonas Mutter trug den kleinen Agron auf dem Arm. An ihrer Seite hing noch eine Tasche mit Wasser und Lebensmitteln. Einer der Cousins trug ihre Reisetasche. Liridona hielt sich stets dicht bei der Mutter.

Alle schwiegen, auch die Kinder mussten leise sein. Es konnte sein, dass Soldaten schon unterwegs waren, um nach den Aufständischen zu suchen. Die Flüchtenden durften auf keinen Fall entdeckt werden.

Nachdem sie mehrere Stunden lang unterwegs waren und Liridonas Füße schmerzten, weil ihr die Schuhe schon ein wenig klein geworden waren, wies der Anführer, ihr Nachbar, ihnen endlich eine Stelle an, an der sie ein Lager für die Nacht aufschlagen konnten.

Die Familien setzen sich zusammen, aßen, tranken und unterhielten sich im Flüsterton. Dann bereitete Liridonas Mutter den Kindern ein Nachtlager. Müde von dem anstrengenden Marsch waren Liridona und Agron schnell eingeschlafen.

Fast zwei Monate lebten sie in den Wäldern. Immer wieder gingen Männer aus der Gruppe in weiter entfernt liegende Dörfer und besorgten Lebensmittel. Der Wald bot Pilze und einige Beeren.

Der Herbst hielt Einzug und es begann kalt zu werden, vor allem nachts. Die Kinder gewöhnten sich daran, leise zu spielen und nicht herumzurennen. Nach einiger Zeit hatten sie einen versteckten Platz in der Nähe eines Bachs gefunden, wo sie sich ein dauerhaftes Lager einrichteten, das sie nach außen, so gut es ging, mit Ästen und Zweigen tarnten.

Trotzdem wurde das Lager eines Tages von Soldaten entdeckt. Eines der Babys hatte laut geweint, wahrscheinlich waren die Soldaten in der Gegend auf Patrouille gewesen und hatten das Schreien gehört. Die älteren Jungen, die das Lager bewachten, hatten nichts bemerkt.

»Halt! Hände hoch! Alle dort rüber!«, brüllten die Soldaten die erschrockenen Dorfbewohner an.

Liridona nahm Agron an der Hand und lief mit ihm zur Mutter, die ein Stück weiter am Bach die Wäsche wusch.

Langsam stand die Mutter auf und ging mit den Kindern zu den andern.

»Na, wen haben wir denn da?«, fragte einer der Soldaten spöttisch. Groß und furchteinflößend baute er sich vor Liridona und Agron auf und richtete das Gewehr auf sie. »Habt ihr Angst?«

Liridona brachte kein Wort heraus. Sie starrte den Mann nur an.

»Bitte, lassen Sie die Kinder …«, hörte sie die Mutter leise sagen.

»Halt's Maul«, schrie der Mann sie an und schlug ihr hart mit der Hand ins Gesicht. »Ihr seid doch alle Dreck! Wir werden euch alle umbringen!«

»He, lass sie doch. Schau mal hier«, sagte ein anderer.

Er zog Shkurte, Liridonas Cousine, am Arm zu sich heran. Dabei grinste er übers ganze Gesicht.

»Bitte, bitte nicht!«, flehte Shkurte, doch die Männer zerrten sie, ihre Freundin Ganimete und noch zwei andere junge Frauen, die daneben standen, mit sich fort.

»Wehe, ihr rührt euch!«, drohte ein Soldat, als sie mit den Frauen und Mädchen das Lager verließen.

Minutenlang standen alle bewegungslos. Es war nichts zu hören als die Geräusche des Waldes.

Schließlich wagte es jemand zu sagen: »Sie sind weg.«

Die Spannung löste sich ein wenig. Liridona und die anderen Kinder konnten nicht weinen. Sie hatten immer noch viel zu große Angst.

Erst zwei Tage später kamen Shkurte und die zwei Frauen zurück. Sie waren schlimm zugerichtet, die Kleider zerrissen und blutig, die Gesichter voller blauer Flecken, die Körper noch weiter abgemagert.

Sie sprachen nicht. Meist saßen sie abseits und starrten unentwegt ins Leere oder weinten leise vor sich hin. Eine der Frauen hatte eine kleine Tochter. Liridonas Mutter kümmerte sich um das Mädchen, wenn die Frau wieder stundenlang wie abwesend in die Luft schaute und nicht reagierte, wenn das Kind essen wollte.

Ganimete kam nicht zurück, sie blieb verschwunden.

Auch später erzählte Shkurte nie, was in den zwei Tagen im Wald geschehen war. War sie vorher ein junges Mädchen gewesen, das gern mit ihren Freundinnen zusammengesessen, sich unterhalten und gelacht hatte, so zog sie sich nun völlig in sich selbst zurück. Jedes Mal, wenn ein Mann sich ihr näherte, zuckte sie zusammen.

Einige Zeit später, an einem warmen Nachmittag, kam überraschend Liridonas Vater. Er trug ein Gewehr und eine Uniform der Aufständischen. Er berichtete, dass sich die Lage in ihrer Gegend wieder beruhigt hatte, sodass sie alle ins Dorf zurückkehren konnten.

Liridona freute sich, endlich, endlich aus dem dunklen, unheimlichen Wald wieder zurück nach Hause zu kommen, sich wieder mit warmem Wasser waschen zu können, um den Schmutz und das ständige Jucken loszuwerden, und sie dachte voll Sehnsucht an ihr weiches Bett. Und natürlich freute sie sich auf die Giyshja!

Der Rückweg erschien ihr daher weit weniger beschwerlich. Als sie ihr Zuhause erblickte, riss sie sich von der Hand der Mutter los und lief darauf zu: »Giyshja, Giyshja, wir sind wieder da!«, rief sie und wartete darauf, dass die Großmutter antworten würde. Aber alles blieb still.

Die Haustür stand offen. Als Liridona in den Hauseingang lief, sah sie, dass das ganze Haus verwüstet war. Die Möbel waren umgestoßen, Schubladen ausgekippt, in der Küche lag das Geschirr in tausend Scherben auf dem Boden.

Die Mutter, die ihr nachgekommen war, nahm Liridona in den Arm. »Der Papa sagt, die Giyshja und der Großvater sind eingeschlafen«, erklärte sie leise. »Sie sind nicht mehr da.«

Liridona begann zu weinen, erst leise, dann immer heftiger schluchzend. All die Angst und Anspannung der vergangenen Wochen brachen aus ihr heraus. Sie war kaum mehr zu beruhigen. Die Mutter nahm sie in den Arm und drückte sie fest.

»Komm«, sagte sie schließlich müde, »hilf mir beim Aufräumen.«

Den Herbst und Winter über blieben sie im Dorf. Doch im Land kehrte keine Ruhe ein, überall wurde gekämpft und gemordet. Die Dorfbewohner wollten nicht noch einmal in die Wälder gehen. Wie der Vorfall mit den Frauen gezeigt hatte, waren sie dort auch nicht sicher. Und es war empfindlich kalt. Alle hofften, dass sie vielleicht doch unbehelligt davonkommen würden.

Im Frühjahr kamen dann die Soldaten ins Dorf. Sie zwangen alle Dorfbewohner mit vorgehaltenen Gewehren, sich dem Strom der Menschen anzuschließen, der sich auf der Straße in Richtung Albanien bewegte.

Liridona, Agron, die Mutter, Tanten und Cousinen und diesmal auch der Vater kamen mit ihnen. Liridonas Vater war nach ihrer Rückkehr ins Dorf zunächst wieder weggegangen, aber kurz darauf zurückgekehrt, verwundet, den Arm in einer Schlinge. Den Winter über war er meist sehr still gewesen und hatte grübelnd in einer Ecke gesessen. Er war sehr leicht reizbar, sodass die Kinder sich ein wenig vor ihm fürchteten. Mehrmals schlug der Vater Liridona, wenn sie laut war, hinterher saß er wieder teilnahmslos in seiner Ecke.

Jetzt musste die Familie darauf achten, dass sie beisammen blieb, denn in der großen Menschenmenge konnte sie leicht getrennt werden. Drei Tage bewegte sich der Treck auf der steinigen Straße. Immer wieder kam es vor, dass Einzelne ohne ersichtlichen Grund von Soldaten herausgegriffen wurden. Manche wurden noch am Straßenrand erschossen.

Schließlich erreichten sie eine Stadt mit einem Bahnhof. Die Soldaten befahlen ihnen, den bereitstehenden Zug zu besteigen. Die Menschen hatten Angst. Wohin sollte die Fahrt gehen?

Liridonas Vater hatte Agron an sich gepresst, die Mutter hielt Liridona fest an der Hand, als die Menschen nun trotz aller Zweifel begannen, auf den Zug zuzulaufen. Liridona fürchtete sich sehr, von den vielen großen Menschen überrannt zu werden. Sie klammerte sich mit aller Kraft an die Mutter. Und wirklich schafften sie es zusammenzubleiben.

Der Zug brachte die Menschen außer Landes, nach Albanien. Dort fanden sie Aufnahme in einem Flüchtlingslager.

In dem Lager war es immerhin besser als im Wald. Die Familie hatte ein kleines Zelt für sich, sie konnte sich im Umkreis des Zeltes frei bewegen und es gab sogar eine Schule. Liridona ging regelmäßig zum Unterricht und hatte Spaß am Lernen. Der Lehrer war ein freundlicher junger Mann und Liridona eine gute Schülerin.

Eines Abends hörte sie beim Einschlafen, wie die Eltern darüber sprachen, ob sie nach Deutschland gehen sollten. Ein Mann im Lager hatte ihnen ein solches Angebot gemacht.

In Deutschland lebte ein entfernter Verwandter von Liridonas Mutter mit seiner Familie. Vielleicht könnten sie dort sogar wohnen?

»Ich will nicht hier weg, es ist schön hier«, weinte Liridona.

Müde und wegen der unerwarteten Störung etwas ärgerlich schauten die Eltern sie an.

»Deutschland ist ein gutes Land«, sagte der Vater. »Dort gibt es Arbeit für mich. Und du kannst auf eine ordentliche Schule gehen. Schlaf jetzt.«

Wegen des Verwandten der Mutter und weil Liridona und Agron noch klein und der Vater nach seiner Verwundung immer noch nicht ganz gesund war, erhielt

Liridonas Familie tatsächlich die Erlaubnis, nach Deutschland zu reisen.

Kurze Zeit später bestiegen sie mit den wenigen Sachen, die ihnen geblieben waren, ein Flugzeug.

Dort angekommen, wurden sie einer freundlichen Kleinstadt zugewiesen, wo sie in einem Haus, in dem noch andere Flüchtlinge wohnten, zwei Zimmer erhielten. Alles war etwas beengt, aber sauber und ordentlich. Es gab einen albanischen Verein, der sie bei ihrer Ankunft in der vertrauten Sprache willkommen hieß und ein Fest ausrichtete. Einige Deutsche waren auch dabei, sogar ein Vertreter des Bürgermeisters hieß sie und eine andere Familie, die ebenfalls aus dem Lager ausgeflogen worden war, willkommen.

Alle waren freundlich und hilfsbereit. »Hier ist es schön«, dachte Liridona erleichtert, als sie am Abend des Willkommensfestes müde in ihrem neuen Bett lag. »Jetzt wird doch noch alles gut.«

Die fremde Sprache war allerdings ein Problem. Liridona lernte sie noch am schnellsten, weil sie in die Schule gehen konnte. Sie kam in eine Förderklasse für Kinder, die alle erst vor kurzem aus dem Ausland gekommen waren. Dort bekamen sie extra Deutschunterricht.

Die Eltern taten sich schwerer. Für einen Deutschkurs hatten sie kein Geld. Eine Zeitlang kamen Deutsche in die Unterkunft, die ihnen halfen. Die Mutter versuchte, so viel wie möglich aus der Zeitung und dem Fernsehen zu verstehen und möglichst oft mit den deutschen Nachbarn oder auf dem Spielplatz mit anderen Müttern zu reden. Manche waren freundlich, aber es ergab sich nie ein engerer Kontakt. Immerhin verstand sie nach einiger Zeit genug, um in den Gasthäusern der Stadt nach Arbeit fragen zu können. Nachdem sie eine Stelle als Spülhilfe in einem Restaurant gefunden hatte, dauerte es einige Wochen, bis die Behörde ihr gestattete, die Arbeit anzunehmen und Geld zu verdienen.

Schließlich klappte es doch. Glücklicherweise hatte der Restaurantbesitzer, ein Mann im mittlerem Alter, der ständig rauchte, abgewartet, bis Liridonas Mutter endlich die Arbeitserlaubnis hatte. Später erzählte er ihr einmal, dass seine Eltern als Flüchtlinge aus Ostpreußen gekommen waren und wie schwer es für sie gewesen war, in der neuen Heimat Fuß zu fassen.

Er war es auch, der den Eltern den Tipp mit der freien Stelle in einer Backwarenfabrik gab. Nach längerem Warten erhielt Liridonas Vater eine Arbeitsgenehmigung und verpackte von da an jede Nacht Brote. Sein Arm war inzwischen noch einmal operiert worden und gut verheilt, sodass er ihn jetzt wieder voll einsetzen konnte. Und dann fand die Mutter an drei Tagen in der Woche auch noch eine Arbeit als Putzhilfe bei einer Familie. Abends, wenn die Eltern bei der Arbeit waren, passte Liridona auf Agron auf. Die Eltern arbeiteten hart und so schafften sie es, dass die Familie von ihrem spärlichen Einkommen leben konnte.

Einmal kam der Verwandte der Mutter sie besuchen. Er lebte in einem anderen Teil Deutschlands, weit entfernt, fast an der polnischen Grenze, wo er seit einigen Jahren auf dem Bau gearbeitet hatte. Doch jetzt stand die Firma vor der Schließung, im kommenden Monat würde er arbeitslos sein. Er konnte ihnen nicht helfen. Also mussten sie allein zurechtkommen.

Liridona lebte sich trotz allem gut ein, sie lernte schnell und hatte in der Schule bald auch eine neue Freundin gefunden, mit der sie jede freie Minute gemeinsam verbrachte. Jessica und sie waren ein Herz und eine Seele. Agron sollte bald in einen Kindergarten kommen. So ging alles eine Zeitlang gut.

Bis zu dem Tag, an dem Liridona wieder einmal ihre Mutter zur Ausländerbehörde begleitete. Dort mussten die Pässe der Familie verlängert werden. Liridonas Mutter sprach zwar inzwischen recht gut deutsch. Zur Sicherheit nahm sie bei wichtigen Gesprächen aber immer Liridona mit, damit sie notfalls übersetzen konnte.

Die Sachbearbeiterin in der Ausländerbehörde sah Liridonas Mutter eine Zeitlang an und sagte dann: »Sie sind jetzt schon fast ein Jahr in Deutschland, Frau Gashi. Im Kosovo ist es jetzt wieder ruhig. Sie können zurückgehen. Bitte unterschreiben Sie dieses Papier, dass Sie freiwillig ausreisen.«

Liridonas Mutter starrte die Frau ungläubig an. Im Fernsehen sahen sie täglich Bilder aus dem Kosovo. Sicher, das schlimme Morden hatte vorerst ein Ende gefunden. Aber es gab immer noch Überfälle. Und es gab keine Arbeit, weder auf dem Land noch in den Städten. Wovon sollten sie denn mit ihren zwei Kindern leben? Über Umwege hatten sie außerdem erfahren, dass ihr Haus im Dorf bei Kämpfen zerstört worden war. In der Ruine lebte jetzt anscheinend eine fremde Familie. Von den Onkeln und ihren Familien wussten sie nichts, sie waren wohl auch irgendwo ins Ausland gegangen.

»Wir können nicht zurück«, sagte Liridonas Mutter zu der Frau. »Ich kann das nicht unterschreiben.« Zitternd drehte sie sich um, nahm Liridona an der Hand und verließ die Behörde.

Diese Szene wiederholte sich von nun an in regelmäßigen Abständen. Nachdem die Behörde erklärt hatte, dass die Familie jetzt zurückgehen könnte, wurde die Aufenthaltserlaubnis in ihren Pässen nicht mehr verlängert. Stattdessen stand dort jetzt nur noch »Duldung«.

Liridona musste oft an das merkwürdige Wort denken. »Was sollte das heißen, ›Duldung‹?«, überlegte sie. Etwas dulden – das Wort hatte sie schon gelernt, das war, wenn man etwas Unangenehmes ertragen musste. Waren sie etwa das Unangenehme, das die Frau in der Behörde ertragen musste? Nein, das konnte nicht sein, das hatte sie bestimmt falsch verstanden. Schließlich hatte sie doch sogar eine deutsche Freundin, mit der sie sich jeden Tag zum Spielen traf, und in der Schule gehörte sie in Mathematik und selbst manchmal in Deutsch zu den Besten in ihrer Klasse! Nein, das konnte wirklich nicht so sein.

Doch die Behörde wurde immer nachdrücklicher mit ihren Aufforderungen zur Ausreise. Vergebens wiesen Liridonas Eltern darauf hin, dass sie doch arbeiteten und kein Geld vom Staat erhielten, sondern Miete und Steuern bezahlten wie jeder andere auch.

Als die Frau von der Behörde nicht locker ließ, gingen Liridonas Eltern zu einem Anwalt. Liridona musste wieder zum Übersetzen mitkommen.

Der Anwalt erklärte ihnen, dass sie einen Asylantrag stellen könnten. Aber dann würden die Eltern ihre Arbeit verlieren und sie müssten in eine große Flüchtlingsunterkunft ziehen, vielleicht sogar in einer anderen Stadt.

Das wollten sie alle auf keinen Fall.

Der Anwalt erklärte ihnen auch, dass ihnen vorerst nichts passieren würde, da Albaner derzeit nur dann abgeschoben würden, wenn sie straffällig wurden, und höchstens noch, wenn sie kein eigenes Geld verdienten und von Sozialhilfe lebten.

Da war die Familie wieder ein wenig beruhigt.

Also schrieb der Anwalt einen Brief an die Behörde, damit die Duldung weiter verlängert wurde.

Liridona ging nicht gern mit, um für ihre Eltern zu übersetzen. Erstens war es ihr unangenehm, dass sie als Kind etwas so viel besser konnte als ihre Eltern. Und zweitens wollte sie all diese Dinge gar nicht hören. Wenn sie beim Arzt übersetzen musste, wie schlecht es der Mutter manchmal ging, oder bei der Behörde die immer wiederkehrenden Diskussionen mit der Frau wiederholte, dann kam ihr alles ganz hoffnungslos vor. Und die schwierigen Sätze des Anwalts konnte sie selbst kaum verstehen.

Manchmal kam die Wut in ihr hoch. Wenn sie doch nur einfach in Ruhe gelassen würden! Dann könnten sie alle ein ganz normales Leben führen wie die meisten anderen Kinder in ihrer Klasse. Sie bräuchten keine Angst zu haben, dass sie wieder zurück in den Kosovo müssten, Mutter und Vater ginge es besser und vielleicht würden die Eltern dann auch nicht ständig dieses albanische Fernsehen schauen, in dem so viel von Gewalt und Tod im Kosovo die Rede war. Konnte man denn überhaupt noch im Kosovo leben, ohne gleich erschossen zu werden?

In solchen Momenten musste Liridona an Shkurte denken. Sie lebte inzwischen in einem Flüchtlingslager in Albanien. Ihr Zustand hatte sich nicht verändert. Sie bekam starke Medikamente, durch die sie ganz teilnahmslos wurde. Manchmal versuchte Liridona, mit ihr zu telefonieren. Aber Shkurte schwieg meist am Telefon oder begann zu weinen. Deshalb wurden die Telefonate mit der Zeit weniger.

Liridona nahm sich vor, ihren Eltern möglichst viel Freude zu machen, wenn sie es schon sonst so schwer hatten. Also lernte sie gut in der Schule, passte jeden Abend auf Agron auf und tat gewissenhaft alles, was man ihr auftrug.

Etliche Jahre lebte die Familie in diesem Schwebezustand. Eigentlich ging es ihnen gut, wären da nicht immer wieder die Mahnungen der Behörde gewesen, dass sie zurückgehen sollten.

Die andere Familie, die mit ihnen gekommen war, war in eine andere Stadt gezogen. Die Eltern telefonierten manchmal noch miteinander. Die Familie erzählte, dass sie dort eine Aufenthaltserlaubnis für zwei Jahre erhalten hätte.

Der Anwalt hatte für den einen Brief viel Geld verlangt. Das konnten sich die Gashis eigentlich nicht leisten. Im albanischen Verein hörten die Eltern von einem anderen Anwalt, der weniger kostete und schon vielen Menschen zu einem Aufenthalt verholfen hatte. Also gingen sie auch dorthin.

Der neue Anwalt ließ sich die Papiere der Familie kommen und schrieb ebenfalls einen Brief. Und die Duldung wurde immer wieder verlängert. Die Eltern arbeiteten, Liridona ging zur Schule und durfte nach der vierten Klasse mit ihrem guten Zeugnis auf die Realschule wechseln, Agron wurde eingeschult und lernte lesen und schreiben.

Eines Morgens um fünf Uhr früh klingelte es an der Tür. »Polizei. Bitte machen Sie auf!«

Alle waren sofort hellwach. Fassungslos schauten sich die Eltern an. Agron hätte fast angefangen zu weinen und kroch schnell zu Liridona ins Bett, obwohl er schon ein großer Junge war.

Dann hämmerte jemand mit der Faust an die Tür. »Polizei, bitte öffnen Sie sofort, sonst brechen wir die Tür auf!«

Der Vater stand auf. Im Schlafanzug öffnete er die Wohnungstür. Mehrere Polizisten und eine Polizistin standen davor.

»Herr Gashi?«, fragte der älteste Polizist.

»Ja, der bin ich. Was wollen Sie?«

»Sie müssen Deutschland heute verlassen. Wir sind gekommen, um Sie zum Flughafen zu bringen. Bitte bleiben Sie ruhig und machen Sie keinen Ärger. Packen Sie bitte ihre Sachen zusammen, Sie haben zwei Stunden Zeit.«

Mit diesen Worten schob sich der Polizist in die Wohnung. Er war höflich, aber bestimmt. Die anderen Polizisten folgten. Ihnen allen schien die Angelegenheit unangenehm zu sein.

Liridonas Mutter kam bleich und im Nachthemd aus der Schlafzimmertür.

»Aber warum?«, fragte sie. »Wir haben beide Arbeit, unsere Kinder gehen hier in die Schule. Wir hatten noch nie etwas mit der Polizei oder dem Gericht zu tun. Was wollen Sie von uns?«

»Wir haben nur den Auftrag, Sie zur Abschiebung abzuholen. Sonst nichts. Anweisung von oben«, erklärte der Polizist. Etwas leiser fügte er hinzu: »Tut mir leid.«

Liridona dachte, sie wäre in einem schlimmen Traum, aus dem sie gleich erwachen würde. Sieben Jahre war sie nun schon in Deutschland. Sie sprach fließend deutsch, hier kannte sie alles, hier lebten ihre Freundinnen, bald würde sie ihren Realschulabschluss machen und dann wollte sie weiter aufs Gymnasium gehen. Und Jessica? Sie hatten sich doch heute verabredet, was würde sie denken, wenn Liridona nicht kam?

Liridona holte ihr Handy aus ihrer Schultasche und schrieb schnell eine SMS an Jessica: »Hi Jess, wir werden in den Kosovo abgeschoben. LG, Liri.«

»Liridona, bist du fertig?«, rief ihre Mutter durch

die Tür. Ihrer Stimme war anzuhören, dass sie sich große Mühe gab, nicht in Tränen auszubrechen.

Die Polizisten standen immer noch in der Wohnung und warteten. Die Eltern überlegten hastig, wen sie wegen der Möbel benachrichtigen sollten. Die mussten doch irgendwie nachgeschickt werden, das schöne neue Sofa hatten sie erst letztes Jahr gekauft und es war so teuer gewesen! Und die Wohnung? Was würde der Vermieter sagen? So früh am Morgen konnte man doch niemanden anrufen!

Schließlich baten sie Liridona, einen Brief an den Vermieter zu schreiben, ihm kurz zu erklären, was vorgefallen war, und um etwas Geduld wegen der Mietzahlung zu bitten.

Mit krakeliger Schrift schrieb Liridona alles nieder, zum Schluss notierte sie noch ihre Handynummer und versicherte ihm, dass die Familie sich so bald wie möglich melden würde.

Dann machte sie sich daran, ihre Sachen einzupacken. Herrje, was sollte sie nur mitnehmen? In ihrem Koffer war viel zu wenig Platz und sie durften jeder nur ein Gepäckstück dabeihaben. Hektisch ließ sie ihre Blicke über die Gegenstände in ihrem Zimmer wandern. Unbedingt das Handy, das durfte auf keinen Fall hierbleiben. Ihre Bücher und Hefte und das Federmäppchen? Die neue CD, die sie von Jessica bekommen hatte? Dann brauchte sie auch den CD-Player, wo war der bloß? Und ihre Sportschuhe? Aber die hatte sie gestern in der Schule vergessen, so ein Mist! Das grüne Perlenarmband, das sie zum Geburtstag bekommen hatte, musste auch mit. Ach ja, was zum Anziehen brauchte sie auch ... Sie hielt ein weißes T-Shirt in der Hand. Brauchte sie das? Oder sollte sie lieber den Pullover nehmen, vielleicht war es im Kosovo ja kalt?

Liridona merkte, wie wenig sie noch vom Kosovo wusste. Sie sprach nur noch wenig albanisch, Agron fast gar nicht, und schreiben konnten sie diese Sprache auch nicht. Wie sollte das nur gehen ...?

Schließlich waren die Koffer gepackt und die Familie folgte den Polizisten in einen Kleinbus mit vergitterten Fenstern. Wie gut, dass die Nachbarn sie so früh am Morgen nicht sehen konnten, sonst hätten die vielleicht noch geglaubt, sie wären Verbrecher.

Familie Gashi wurde im Sommer 2006 in den Kosovo abgeschoben. Liridonas Freundin Jessica unterrichtete die Lehrerin von Liridonas SMS. Die Lehrerin benachrichtigte die Schulleitung und Agrons Schule.

Viele Lehrer und Schüler konnten es nicht fassen, dass ihre Mitschüler eines Morgens einfach weg waren. Jessicas Mutter begann aktiv zu werden. Sie organisierte in der Stadt eine Demonstration und benachrichtigte die Presse. 150 Menschen unterschrieben einen Aufruf, in dem gebeten wurde, dass Familie Gashi wieder nach Deutschland zurückkehren darf. Über Handy konnte der Kontakt zu Familie Gashi gehalten werden. Sie waren in Priština angekommen und notdürftig in einem Zimmer bei einem Onkel untergebracht. Dort konnten sie aber auf Dauer nicht bleiben. Die Eltern hatten kein Geld und keine Arbeit, Liridona und Agron gingen nicht zur Schule, die Mutter saß nur noch auf dem Sofa und starrte stumm vor sich hin. Wenn sie angesprochen wurde, begann sie leise zu weinen.

In ihrer Stadt in Deutschland bildete sich ein Unterstützerkreis. Die Freunde sammelten Spenden, damit die Familie erst einmal etwas zum Überleben hatte.

Durch einen Artikel in der Zeitung wurde ein Lokalpolitiker aufmerksam und schaltete sich ein. Der Unterstützerkreis beauftragte außerdem einen Rechtsanwalt, nachzuforschen und zu prüfen, ob die Familie zurückkehren könne.

Der Anwalt fand heraus, dass die Familie die Voraussetzungen für eine neue Bestimmung erfüllt hätte, die zur Zeit der Abschiebung noch nicht endgültig beschlossen worden war. Nach dieser sogenannten Altfallregelung hätten die Gashis problemlos in Deutschland bleiben können. Die Familie war wohl eher »zufällig« abgeschoben worden, weil in dem Abschiebungsflugzeug gerade noch vier Plätze frei waren und das Flugzeug nicht mit leeren Plätzen fliegen sollte.

Trotzdem scheiterten alle rechtlichen Versuche, Familie Gashi wieder nach Deutschland zu holen. Mithilfe des Unterstützerkreises gelang es immerhin, Agron im Kosovo auf eine deutsche Schule zu schicken. Liridona war dafür schon zu alt. Sie war arbeitslos. Der Vater fand nach zwei Jahren endlich zumindest für ein paar Stunden in der Woche Arbeit im Geschäft eines entfernten Bekannten, die Mutter versuchte gemeinsam mit Liridona, mit Näharbeiten etwas zu dem minimalen Familieneinkommen beizutragen.

Die meiste Zeit aber saßen die Eltern mehr oder weniger teilnahmslos im Wohnzimmer, in dem ständig der Fernseher lief. Alles, was sie sich in Deutschland hart erarbeitet hatten, war weg, und sie hatten nicht mehr die Kraft, noch einmal ganz von vorne anzufangen.

Mithilfe des Unterstützerkreises war es noch gelungen, Familie Gashi den Grundstock für ein einfaches Haus zu finanzieren. Aber als eine der Frauen, die die treibende Kraft in dem Kreis gewesen war, in eine andere Stadt zog, schlief die Initiative ein.

Liridona saß in dem neuen Haus fast den ganzen Tag am Fenster. Sie träumte von Deutschland.

Christine Grunert wurde in Berlin geboren und lebt heute in Ulm. Sie ist Juristin und arbeitete ab 1994 zunächst in einer Anwaltskanzlei mit asyl- und ausländerrechtlichem Schwerpunkt. Danach war sie fast zehn Jahre im Behandlungszentrum für Folteropfer in Ulm tätig. Daneben langjährige Mitarbeit bei Amnesty International und Mitglied im Flüchtlingsrat Ulm/Alb-Donaukreis. Heute kümmert sich Christine Grunert als Integrationsbeauftragte der Stadt Ulm um die besonderen Anliegen von Einwanderern und Asylsuchenden.

In derselben Reihe erschienen:

Karlheinz Dürr, Terror: Staat gegen Bürgerrechte
144 Seiten, ISBN 978-3-89502-256-2

Reiner Engelmann, Kinder: ausgegrenzt und ausgebeutet.
144 Seiten, ISBN 978-3-89502-254-8

Urs M. Fiechtner, Folter: Angriff auf die Menschenwürde
144 Seiten, ISBN 978-3-89502-252-4

Urs M. Fiechtner, Verschwunden: In geheimer Haft
160 Seiten, ISBN 978-3-89502-257-9

Kazem Hashemi, Todesstrafe: Auge um Auge
128 Seiten, ISBN 978-3-89502-253-1